성서와의 대화

마태오 복음

Conversations with Scripture:
The Gospel of Matthew

성서와의 대화

마태오 복음

존 Y. H. 예 지음 · 양지우 옮김

이 책은

대한성공회 서울교구 온수리교회의

후원으로 제작되었습니다.

문서 선교를 위해 봉헌해 주신

온수리교회의 모든 분께

진심으로 감사드립니다.

추천사

우리 시대는 영적인 균형이 절실한 때입니다. 홍수로 범람해도 마실 물이 없고, 가뭄으로 메말라도 마실 물이 없기는 마찬가지입니다. 수많은 정보와 사조의 홍수 속에서 길을 잃기 쉬운 이때, 우리 신앙의 굳건한 닻이 되어줄 <성서와의 대화> 시리즈의 첫 책인 <마태오 복음>이 출간된 것은 여간 기쁜 일이 아닐 수 없습니다.

이 책이 지닌 가장 큰 미덕은 '대화'에 있다고 봅니다. 저자는 성서를 탐구의 대상으로만 여기는 것이 아니라, 살아있는 하느님의 말씀으로 만나 인격적인 대화를 나누도록 우리를 초대합니다. 마태오 복음이 왜 '교회의 복음'이라 불리는지, 그 안에 담긴 예수님의 가르침과 행적이 초대교회 공동체를 어떻게 형성했으며, 오늘날 우리에게 어떤 의미를 던지는지를 친절하고 깊이 있게 풀어냅니다. 이러한 노력은 성서를 우리 삶의 한복판으로, 교회의 심장부로 가져오는 소중한 작업입니다.

특히 이 책은 사목 현장에서 분투하는 모든 성직자와 평신도 지도자들에게 더없이 훌륭한 길잡이가 되어줄 것입니다. 저자의 탁월한 신학적 통찰은 마태오 복음의 핵심 주제들인 예수님의 정체성, 제자도, 교회의 사명을 명쾌하게 밝혀주어, 설교와 성서 공부 준비에 마르지 않는 영감의 샘이 될 것입니다. 특히 각 장 말미에 실린 '생각해 볼 문제'는 개인의 묵상을 넘어, 소그룹 모임에서 넉넉한 나눔을 이끌어내는 통로가 될 것입니다.

무엇보다 이 책은 저마다 예수님을 충분히 만나도록 이끕니다. 책장을 넘기며 독자들은 군중 속의 한 사람으로 머물지 않고 예수님의 부르심에 응답하여 주님을 따랐던 제자가 됩니다. 때로는 의심하고 넘어지면서도 끝내 부활하신 주님을 만나 세상으로 파송 받았던 제자들의 여정 속에서, 오늘 우리를 부르시는 주님의 음성을 듣게 될 것입니다.

이 귀한 책을 통해 한 명의 신자로서뿐 아니라 예수님의 몸인 공동체로서 교회가 예수 그리스도를 더 충분히 만나고, 세상의 소금과 빛으로 살아가는 통로가 되기를 간절히 기도드립니다.

대한성공회 의장주교, 대한성공회 부산교구장

박동신 오네시모 주교

추천사

이 책은 역사적 비평과 사회학적 통찰, 그리고 신앙공동체에 대한 깊은 이해를 결합하여, 성서에 담긴 역사와 사회상, 그리고 하느님의 숨결을 세심히 풀어냅니다. 그래서 독자는 성서를 단지 고대 문헌이 아니라 오늘 우리에게 살아있는 말씀으로 경험할 수 있습니다. 이를 통해 마태오 복음이 던지는 질문과 위로를 동시에 듣습니다. 그리고 당시 제자들이 맞닥뜨렸던 혼란과 용기가 지금 우리의 현실과 크게 다르지 않음을 발견하게 됩니다.

마태오 복음은 거친 광야와 메마른 골짜기를 지나던 초대 제자들에게, 하늘로부터 불어오는 바람과 같은 음성이었습니다. "나는 하늘과 땅의 모든 권한을 받았다. 그러므로 너희는 가서 이 세상 모든 사람을 내 제자로 삼아…"(마태 28:18-20) 이 부르심은 그들의 발걸음을 세상 끝까지 이끌었고, 어둠 속에서도 등불처럼 빛나게 했습니다.

대한성공회 서울교구는 하느님 나라를 일구는 교회가 되기 위해, 성서의 진리와 성사의 은총, 세상을 향한 사랑과 정의의 실천을 함께 품어왔습니다. 이 책은 우리로 하여금 말씀과 깊이 대화하며, 신앙의 뿌리를 다시 단단히 내리고, 복음의 향기를 세상에 흩날리게 할 것입니다.

이제 이 책을 따라 마태오 복음의 세계 속으로 들어가십시오. 그 속에서 예수님의 발걸음을 따라가고, 제자들의 숨결을 느끼며, 오늘 우리를 부르시는 주님의 음성을 들으십시오. 그리고 그 부르심에 응답하여, 교회와 세상 속에서 빛과 바람으로 살아가십시오.

대한성공회 서울교구장
김장환 엘리야 주교

추천사

성서를 대하는 성공회의 특성이 반영되어 있는 '성서와의 대화 시리즈'가 출판되는 것을 대단히 기쁘게 생각합니다.

시리즈의 첫 번째 책으로 출판되는 마태오 복음 이야기는 예수님의 제자로서 살아가는 신앙생활을 조명하고 있습니다. 이 책은 깊이있는 성서공부를 할 수 있는 신학적 성찰로 독자를 안내합니다. 개인적으로 읽어도 좋고 교회에서 성서공부 교재로 함께 읽고 문답을 나누다 보면 성서 안에서 말씀하시는 예수님과 소통하게 되고 연결될 것입니다.

이 책이 나오기까지 수고를 해주신 모든 분들에게 감사를 드리며, 일상에서 예수님의 제자로 살아가는 데 길잡이가 되어줄 이 책이 널리 읽혀지기를 바랍니다.

대한성공회 대전교구장

김호욱 디도 주교

감사의 글

지난 수년간 저의 마태오 복음 세미나에 참여하여 많은 질문과 토론을 통해 이 놀라운 복음서에 관한 저의 이해에 기여해 준 버지니아 신학교 학생들에게 감사드립니다. 함께한 시간을 통해 그들의 설교와 가르침이 더욱 풍성해지고, 그들의 교회가 말씀의 은총을 받았을 줄 압니다.

또한 저에게 가르칠 기회를 주신 워싱턴 DC 지역의 여러 성공회 교회와 장로교회에 감사드립니다. 각 교회가 보여준 성서에 관한 관심과 교회 공동체를 향한 사랑은, 저의 학문적 연구가 우리의 일상적 믿음과 실천에 도움이 될 수 있도록 더욱 열심을 다할 수 있게 해 주었습니다.

또한 이 책을 쓰도록 격려해 주신 서던 메소디스트대학교 퍼킨스 신학대학원의 프레드릭 W. 슈미트 박사님께 감사드립니다. 이 책을 완성할 수 있도록 인내와 지혜로 안내해 주신 훌륭한 편집자인 신시아 샤턱에게도 깊은 감사를 드립니다.

마지막으로, 사랑하는 아내 수와 딸 재닛에게 감사 인사를 전합니다. 그들의 무한한 사랑과 변함없는 지지는 저의 가르침과 연구, 그리고 글쓰기를 매우 즐거운 일로 만들어 주었습니다.

하느님께서 교회를 위해 이 책을 써 주시기를 바랍니다.

마태오 복음 읽기표

이 책을 읽기 위해, 먼저 마태오 복음 본문 읽기를 권합니다. 아래 표를 따라 한 달 계획으로 마태오 복음 전체를 읽을 수 있습니다.

일차	읽을 본문	주요 내용	확인
1일	1-2장	예수님의 탄생과 유년 시절	
2일	3-4장	세례와 광야 시험, 공생애 시작	
3일	5장	산상 설교: 참된 행복	
4일	6장	산상 설교: 기도와 재물	
5일	7장	산상 설교: 심판과 실천	
6일	8장	기적들	
7일	9장	기적과 부르심	
8일	10장	열두 제자 파견	
9일	11장	세례자 요한의 질문과 예수님의 대답	
10일	12장	안식일 논쟁과 베엘제불 논쟁	
11일	13장	하늘 나라의 비유	
12일	14장	세례자 요한의 죽음과 오천 명을 먹이신 기적	
13일	15장	정결례 논쟁과 가나안 여인의 믿음	
14일	16장	베드로의 신앙 고백과 수난 예고	
15일	17장	영광스러운 변모와 치유 기적	
16일	18장	공동체에 관한 가르침	
17일	19장	이혼, 어린이, 부자 청년	
18일	20장	포도밭 품꾼들의 비유와 야고보와 요한의 요구	
19일	21장	예루살렘 입성과 성전 정화	
20일	22장	권위에 대한 논쟁과 비유	
21일	23장	율법학자들과 바리사이들에 대한 질책	
22일	24장	종말에 관한 설교	
23일	25장	종말에 관한 비유	
24일	26:1-35	수난 전의 사건들	
25일	25:36-75	잡히신 예수님, 베드로의 부인	
26일	27:1-31	빌라도의 재판과 십자가의 길	
27일	27:32-66	십자가 죽음과 묻히심	
28일	28장	부활과 지상명령	

목차

시돈
이두래아
아빌레네
사렙다
띠로
베니게
필립보의 가이사리아
지중해
갈릴래아
코라진
트라코니타스
가파르나움
베싸이다
가나
갈릴래아 호수
티베리아
가르멜 산
나자렛
가다라
가이사리아
데카폴리스
사마리아
게라사
그리짐 산
아리마태아
베레아
에브라임
예리고
엠마오
예루살렘
베다니아
쿰란
베들레헴
유다
사해
이두매아
N
0
25
50km

예수 시대의 팔레스타인

〈성서와의 대화〉 시리즈를 시작하며

프레드릭 W. 슈미트*
Frederick W. Schmidt

성공회만의 독특한 성서 해석 방식을 정의하는 일은 결코 쉽지 않습니다. 성공회라는 큰 교회 전통 안에는 역사적으로도 엄청난 다양성이 존재합니다. 더욱이 교회의 세계적 성격이 두드러지면서, 이 다양성을 설명하고 독특한 접근의 특징을 규정하는 일은 더욱 복잡해지고 있습니다.

게다가 성서 연구는 단지 학문적 형태의 연구에만 국한되지 않습니다. 1998년 람베스 회의에 참석했던 조직신학자 데이비드 포드는 이렇게 말했습니다.

> "우리 대부분은 오랫동안 성서를 공부해 왔고, 다양한 학문적 접근법을 알고 있습니다. 그러나 동시에 전례, 설교, 가르침, 묵상을 통해 성서 안에서 살아왔습니다."

그는 이를 "성서는 우리가 오래 살아온 도시와 같다"고 표현했습니다. 우리가 도시의 모든 역사나 거리의 건축 양식을 알지 못하더라도, 도시는 여전히 우리 삶의 터전이자 원천

* 이 책이 포함된 시리즈인 <Conversations with Scrpiture>의 편집자.

이라는 뜻입니다. 하지만 아무리 익숙하더라도, 그 도시(성서)의 주민들이 그 안의 건축물을 충분히 이해하고 설명할 수 있는가는 또 다른 문제입니다. 그래서 이 시리즈에서는 그 도시의 주요 경관을 함께 살펴보려 합니다. 이 작업은 몇 가지 주요 요소를 설명하는 데서 시작하는 게 좋겠습니다.

가장 먼저 다룰 주제는 익숙하면서도 늘 논쟁거리가 되어 온 "권위"입니다. 과거 복음주의 교회에 속한 한 동료가 제게 물었습니다. "성서에 관심이 많은 사람이 왜 성공회 사제가 되었습니까?" 저는 이렇게 답했습니다. "성서의 일부가 아니라 전체를 읽기 때문입니다." 성서는 성공회 공동체 안에서 특별한 위치를 차지해 왔지만, 그것이 어떤 엄격하고 규범적인 방식으로만 사용되지는 않았습니다. 어떤 이들은 이를 지나친 통제와 책임 부재라는 두 극단 사이의 중도를 추구하려는 노력으로 설명합니다. 그러나 저는 이것을 "두 우선순위 사이에서 균형을 잡기 위해 펼치는 복잡한 춤"으로 묘사하는 것이 더 적절하다고 생각합니다.

"권위"Authority라는 단어가 "저술하다"To author라는 말과 같은 어원을 공유한다는 점을 떠올리면, 권위는 단순히 "통제력을 행사하는 것"이 아니라, "그 기반 위에서 창의적 행동을 펼칠 수 있는 능력"을 의미한다고 할 수 있습니다. 이런 의미에서 성서의 역할은 성령의 역사가 교회 안에서 꽃피울 수 있도록 창조적 공간을 열어 주는 것입니다. 물론 이러한 창조적 공간이 진정 창의적이려면 경계가 필요합니다. 이는 마치 피아니스트가 정확한 연습을 통해 자유롭게 연주하고, 발레리나가 바barre에서의 훈련을 통해 우아하게 춤을 추며, 부모가 자녀에게 일정한 지도를 제공함으로써 자녀가 안전하고 자유롭게 성장할 수 있도록 하는 것과 같습니다.

이 경계는 때로 제거해야 할 장벽이나 보호를 위한 방벽으로 여겨질 수 있지만, 핵심은 그것이 둘 다 아니라는 데 있습니다. 권위에 대한 이러한 논쟁은 교회 안에서도 여전히 지속되고 있습니다. 어떤 사람들은 성서를 복잡한 세상을 헤쳐 나가는 확실한 지침으로 삼으려 하고, 또 다른 사람들은 성서를 낡은 유산으로 간주합니다. 그러나 이러한 태도는 성서 본연의 문제가 아니라, 성서가 제공하는 창조적 공간을 우리가 온전히 수용하지 못한 결과입니다.

성공회의 성서 접근 방식은 본질적으로 "깨달음"illumination을 추구하는 것입니다. 윌리엄 슬로언 코핀William Sloane Coffin은 "우리는 성서를 마치 술 취한 사람이 가로등을 붙잡듯이 사용한다"고 비판했습니다. 즉, 성서에 기대기는 하지만, 그것을 '비추는 빛'으로 삼아 깨달음을 구하지 않는다는 것입니다. 성서를 무작정 의지하거나 아예 배척하려는 것은 모두 성서가 제공하는 창조적 공간을 부정하는 태도입니다. 반대로, 이 공간의 존재를 인정하면 성서를 읽는 행위의 중요성이 더욱 분명해집니다.

성서가 주는 통찰은 우리가 누구이며 무엇을 할 수 있는지 모색하게 합니다. 이는 겸손과 신앙의 태도로 성서와 대화하며, 세부적인 과정을 하나씩 살펴보는 데서 비롯됩니다. 성공회 전통에서의 성서 읽기는 하느님의 음성을 주의 깊게 듣고, 세상과 용기 있게 대화하는 섬세하고 조심스러운 과정이라고 할 수 있습니다.

이런 이유로 성공회의 성서 접근 방식은 "비판적 참여"라는 특징을 가집니다. 1860년에서 1900년 사이 성서학계에서 가장 영향력 있는 학자로 꼽혔던 세 명[**](B. F. 웨스트콧[***], J. B. 라이트풋[****], F. J. A. 호트[*****])이 모두 성공회 사제였다는 사실은 우연이 아닙니다. 그 중 두 명은 주교이기도 했습니다. 이들은 교회와 성서 본문에 대한 비판적 연구에 큰 기여를 하며, 성공회의 신앙생활에서 이러한 비판적 접근이 전통으로 자리 잡게 했습니다. 특히 웨스트콧 주교는 그리스어 신약성서를 비판적으로 연구하고 원문 번역에 공헌했을 뿐 아니라, 유럽 열강의 군비 경쟁에 맞서 그리스도교인의 대화를 촉진하고, 그리스도교 사회연합을 설립했으며, 1892년 더럼 광부 파업을 중재하는 등 학문적 연구와 사회적 실천을 접목한 선구적 활동을 펼쳤습니다.

물론 이러한 전통이 영국에만 뿌리를 둔 것은 아니며, 그것이 성공회 성서 해석의 유일한 특징이라고 단언할 수도 없습니다. 세계화의 진전에 따라 성공회는 끊임없이 변화하며,

---

** 케임브리지 삼총사Cambridge Triumvirate로 불린 잉글랜드 성공회의 대표적인 성서학자들이다.

*** Brooke Foss Westcott(1825-1901) 신약학자, 더럼의 주교, 사회운동가.

**** Joseph Barber Lightfoot(1828-1889) 교부학자, 신약학자, 더럼의 주교.

***** Fenton John Anthony Hort(1828-1892) 신약학자.

옛 전통을 보완하는 풍성한 다양성을 얻어 왔습니다. 예를 들어, 우간다 성공회는 '개인적이고 우화적이며 부흥적'인 성서 해석으로 잘 알려져 있습니다. 우간다 교회는 성서를 직접 읽고, 이를 현장에 적용하는 전통을 형성했으며, 포스트모던 사회 속에서 개인의 간증과 복음 전파를 강력히 결합했습니다. 동시에 정의, 빈곤, 전쟁, 식량 부족, 교육 등 실질적 삶의 문제를 해결하기 위해 성서 본문을 적용하려는 노력을 통해 다른 지역 성공회 공동체와도 활발히 대화하고 있습니다. 이러한 생동감 넘치는 환경에서 어느 지역 교회도 과거의 모습에 머무를 수 없게 되었으며, 모두가 새롭게 변화하고 있습니다.

요약하자면, 성공회적 성서 해석은 권위에 기초하며, 통찰을 제공하고, 비판적이면서도 다양하며, 지속적으로 변화하는 특징을 지닙니다. 이런 특징을 감안할 때, 이 시리즈의 공통 요소가 "모든 저자가 성공회 신자"라는 사실이라고 말한다면, 일부 비평가들은 "그것만으로 특정 전통을 대표하기엔 부족하다"고 주장할 수 있습니다. 그러나 성서라는 '도시' 속에서의 삶이란 본래 역동적입니다. 우리의 이해가 성서에 영향을 미치듯, 성서도 우리를 형성하고 양육합니다. 그리고 이 '도시'가 하느님의 창조물이라면, 그 안에서 하느님께서 의도하신 모습을 무시한 채 우리의 뜻만을 강요하는 것은 현명하지 못한 일일 것입니다.

생각해 볼 문제

샤론 엘리 피어슨*
Sharon Ely Pearson

마태오 복음은 아마도 초기 교회가 가장 선호했던 복음서였을 것입니다. 이 복음서는 예수님의 탄생, 사명, 수난에 관해 신중하게 구성된 기록을 담고 있으며, 가르치기 위한 목적으로 정리되어 있습니다. 마태오 복음은 예수님의 유년기 이야기와 세례, 유혹 받으시는 장면을 히브리 성서(구약성서)와 연결시키고 있으며, 예수님의 가르침과 치유, 선교에 관한 다양한 이야기를 담고 있습니다. 가장 잘 알려진 산상수훈은 복과 가르침을 결합하여 예수님의 급진적인 메시지를 전달합니다.

각 장의 마지막에 있는 '생각해 볼 문제'는 해당 장이 제시하는 주제를 더 깊이 파고들어 저자가 마태오 복음을 통해 제시하고자 하는 주제와 생각을 반영하고 묵상할 수 있도록 구성되어 있습니다. 질문과 성찰은 마태오가 자신의 독자에게 전했던 신학적 주제와 모티프를 우리가 어떻게 오늘날의 신앙 현실과 연결할 수 있는지, 그리고 그것이 그리스도를 따

* 이 책의 원 출판사인 Church Publishing에서 활동하는 그리스도인 양육 전문가. 버지니아 신학교 Virginia Theological Seminary에서 기독교 교육학 석사학위 Master of Arts in Christian Education, MACE를 받았다.

르는 사람이 되는 일에 어떤 의미를 줄 수 있는지를 생각하도록 돕습니다.

마태오 복음은 서기 75년에서 95년 사이에 쓰였습니다. 본문 안에 있는 단서를 통해 이 복음서가 로마가 예루살렘 성전을 파괴한 후 기록되었음을 알 수 있습니다(서기 70년). 저자 문제에 대한 논쟁은 마태오 복음, 마르코 복음, 루가 복음 사이에서 보여지는 유사성에 근거합니다. 마태오 복음은 마르코 복음의 많은 내용을 포함하고 있지만(Q와 L자료도 포함), 예수님의 고유한 가르침 이외의 이야기는 축약되어 있습니다. 이 복음서의 저자는 알려져있지 않지만, 유대인의 문화적 배경을 가진 사람일 가능성이 높으며, 이 책은 시리아 안티오키아 지역에 거주하던 유대인 그리스도교 공동체를 대상으로 집필했을 것으로 보입니다. 당시 유대인 그리스도교 공동체는 예수님을 메시아로 이해하려는 그룹과 전통 유대교 신앙 그룹 사이에서 일어난 갈등을 겪고 있었습니다. 성전이 파괴된 이후, 유대인들은 정체성을 유지하고자 했고, 마태오 복음은 이러한 배경 속에서 등장한 것입니다.

마태오 복음은 마르코 복음처럼 극적인 사건이 많지 않고, 루가 복음처럼 자비와 연민에 초점을 맞추고 있지도 않습니다. 그러나 이 복음서를 통해 당신은 예수님께서 가르치신 내용에 대한 가장 완전한 기록을 발견할 수 있습니다. 그리고 이 가르침들이 어떻게 구약성서와 연결되는지를 이해할 수 있을 것입니다.

마태오 복음 공부를 시작하기 전에, 이 질문을 함께 고민해 봅시다.

- 왜 마태오 복음서를 공부하려고 합니까?
- 초기 교회의 시대에 관해 어떤 것을 알고 계십니까? 선입견 없이 이 공부를 시작하고 계십니까? 만약 선입견이 있다면, 그것이 무엇인지 적어봅시다.
- 이 공부를 통해 무엇을 배우고, 또 분별하고 싶으십니까?
- 당시 세계는 어떤 모습이었습니까? 오늘날과는 어떻게 다릅니까? 비슷한 점은 무엇이 있을까요?

각 장을 읽기 전에 마태오 복음을 미리 읽는 것이 좋습니다. 이 책이 제시하는 본문은 순차적이지 않을 수 있으며, 그래서 복음서를 처음부터 끝까지 읽는 것처럼 느껴지지 않을 수도 있기 때문입니다. 이는 저자가 마태오 복음을 '주제 중심'으로 다루고 있기 때문입니다. 또한 서기 30년경의 팔레스타인 지도와 바울로가 전도여행을 떠났던 시기의 로마제국 지도도 함께 참고하면 좋습니다. 이 지도는 성서 부록 등에서 찾을 수 있습니다. 마태오 복음을 읽으며 예수님의 여정을 따라 지도를 확인하고, 그곳에서 어떤 일이 일어났는지를 기록해보는 것이 도움이 됩니다.

저자 서문

저는 대만의 장로교회에서 자랐습니다. 대만에서 그리스도인들은 불교도, 도교도, 민속 종교인들, 무신론자들 사이에서 아주 작은 소수 집단을 이루고 있습니다. 다종교 사회에서 다른 이들과 조화롭게 살아가기 위해서는 그리스도교와 그리스도인의 정체성을 명확히 정의하고, 진실된 모습으로 그리스도인의 삶을 살아가며, 주류 문화와 세심하게 소통해야 했습니다. 마태오 복음에서와 마찬가지로, 교회의 신뢰성을 증명하기 위해 대만의 그리스도인들은 이웃들로부터 존경받을 수 있도록 더욱 높은 수준의 윤리적 삶을 살아야 했습니다. 우리에게는 소금과 빛의 역할을 해야 한다는 사회적 기대가 있었기 때문입니다.

대학과 대학원에서 다양한 교단들과의 교류에 참여하면서, 각 교회가 서로 다른 경험과 전통을 통해 함께 하느님 나라를 증언하고 있다는 것에 깊이 감사하게 되었습니다. 창조적 긴장 속에서 서로 사랑하는 것은 하느님께서 주시는 은총이 될 수 있습니다. 저는 미국장로교회의 안수받은 목회자이면서 동시에 미국성공회 버지니아 신학교의 신약학 교수로 재직하며, 성직 후보자들과 교회 지도자들을 가르치는 특권을 누리고 있습니다. 16년 동안 성공회 전통의 전례에 기쁘게 참여하고 있습니다. 에큐메니컬 경험은 성서, 신학, 그리고 전례에 관한 저의 이해를 풍부하게 해주었고, 연구와 교육에 깊이를 더해주었습니다. 학생들이 다양한 문화와 에큐메니컬 관점을 통해 사고하도록 격려하는 것은 그들에게 새로운 시각과 신선한 아이디어를 제공하는 일이며, 동시에 성공회 정체성에 대한 분명한 인식과 모든 교회를 위한 성공회의 기여에 대해 감사할 수 있게 해줍니다.

25년 전, 예수님의 인격과 가르침을 배우고자 마태오 복음서에 관심을 갖기 시작했습니다. 마태오 복음서는 예수님의 많은 말씀을 담고 있으며, 예수님의 가르침은 믿는 이들의 삶을 변화시키고 교회가 나아갈 방향을 제시하는 변혁의 힘을 지니고 있습니다. 이후 산상수훈을 연구하며, 이 가르침의 해석사와 영향력을 탐구했습니다. 예수님의 높은 도덕적 원칙들은 오늘날의 포스트모던 사회에 어떻게 적용될 수 있을까요? 이는 교회가 진지하게 고민해야 할 중요한 주제입니다. 예수님께서는 제자들에게 하늘나라의 증인으로서 세상과는 다른 방식의 삶을 살 것을 명하십니다. 예수님을 따르는 일에는 대가가 따르지만, 하느님의 은총이 그것을 가능하게 합니다.

지난 20년 동안 저는 거의 격년으로 마태오 복음 세미나를 가르쳤습니다. 마태오 복음을 향한 저의 사랑은 점점 더 깊어지고 있습니다. 이 책이 진정으로 "교회의 복음"이기 때문입니다. 마태오가 전한 예수님의 놀라운 이야기는 수 세기에 걸쳐 교회의 신앙과 실천을 형성해왔고, 지금도 우리를 제자의 삶으로 부르고 있으며, 교회가 사명을 완수할 수 있는 지침을 제공합니다. 마태오 복음의 주요 인물들에 관한 성찰을 통해 예수님과의 인격적인 만남이 이루어지기를 바랍니다. 그리고 그 만남이 우리의 지적 차원과 영적 차원에서의 깨달음으로 이어져, 일상 속에서 예수님의 제자로서 새롭게 헌신할 수 있게 되기를 소망합니다.

제1장

새로운 복음

장례식이나 추도식에 참석하는 것은 영적으로 깊은 체험입니다. 사랑하는 사람을 떠나보내는 감정적 무게는 이루 설명할 수 없을 정도로 크며, 유가족에게 우리가 제공할 수 있는 위로는 한없이 부족하게 느껴집니다. 종종 우리는 고인의 죽음을 실감하지 못한 채로 애도를 시작합니다. 그러나 유가족과 친지들이 함께 모이면 큰 힘이 됩니다. 그들은 우리가 혼자 죽음과 마주하지 않도록 도와줍니다. 기도, 성서, 성가는 영원한 생명과 평화로운 안식을 약속하시는 하느님을 상기시키며 위로를 줍니다. 죽음 너머에도 소망이 존재합니다.

"추도사"는 추모식에서 특별한 역할을 맡습니다. 일반적으로 추도사는 고인의 가족 배경, 인생 경험, 공적 업적 등을 요약하며, 가족과 친구들의 시각에서 그 사람의 인상 깊은 특성과 자질을 떠올립니다. 이러한 이야기를 들을 때, 우리는 그분과 함께했던 생생한 삶의 장면과 다양한 일화를 회상하며, 고인이 잠시 우리 곁에 되살아난 듯한 위안을 얻습니다. 진심이 담긴 추도사는 웃음, 눈물, 평온 그리고 정화를 가져다줍니다.

복음서를 읽는 독자들에게 복음서는 예수님의 "추도사"와 같은 기능을 합니다. 물론 복음서 저자들은 예수님이 부활하셨다고 믿었고, 그분을 주님이자 구원자로 경험했습니다. 그럼에도 불구하고 저자들은 다양한 기적 이야기와 가르침, 죽음과 부활 사건 등을 정리하여 예수님의 생애를 전합니다. 이러한 과정을 통해 우리는 예수님뿐만 아니라 저자들에 대해서도 새롭게 알게 되며, 저자들의 시각에 의해 우리의 삶과 믿음은 도전받고 새롭게 될 기회를 얻게 됩니다.

왜 복음서가 필요했을까?

19세기 초부터 신약성서를 연구하는 학자들은 "역사적 예수"에 대한 질문에 몰두해 왔습니다. 그들은 예수님이 과연 누구였으며 실제로 어떤 말씀과 행적을 남기셨는지를 밝히고자 했습니다. 일부 학자들(불트만, 크로산, 보그 등)은 복음서를 "부활절 이후 교회의 신앙이 반영된 기록"으로 간주하며, 사실만을 가려내기 위해 신학적 해석층을 하나씩 제거하는 작업을 강조했습니다. 이 접근에서는 "역사"와 "신앙"이 엄격히 분리됩니다. 신자들이 예수님을 "주님"으로 믿기 위해서는 역사적 근거를 초월하는 믿음의 도약이 필요하다는 입장입니다.

반면, 다른 학자들(보컴, 존슨, 마이어 등)은 복음서가 신앙에 깊이 물들어 있는 것은 사실이나, 완전히 '객관적인 역사'라는 것은 어렵다고 주장합니다. 모든 기자가 특정 관점에서 기사를 쓰고, 모든 역사가가 자신의 상황과 시각으로 사건을 해석하듯이, 복음서 저자들도 예수님을 경험하고 해석한 신앙의 증언을 남겼다는 것입니다. 따라서 복음서는 역사와 신앙이 융합된 문서로, 이를 탐구할 때는 비판적이면서도 불필요한 회의를 피하는 태도가 중요하다고 봅니다. 예수님이 실제 역사 속에 오신 하나님이시라면, 그분에 대한 기록 역시 "역사와 신앙"을 동시에 담고 있기 때문입니다.

대체로 학계는 예수님이 갈릴래아 나자렛에서 자란 유대인이었으며, 세례자 요한처럼 하느님의 나라가 도래했음을 선포하셨고, 병자를 고치고 귀신을 내쫓는 능력으로 사람들을 모으셨다고 인정합니다. 또한, 율법학자와 바리사이파 사람들과 종종 논쟁했고, 결국 로마 총독의 재판을 거쳐 십자가에 못 박혀 죽임당했으나, 제자들은 부활하신 예수님을 체험하고 그분을 증언하는 공동체를 형성했다는 점을 인정합니다.

예수님께서 떠나신 뒤, 제자들은 "주님이신 예수님"을 찬양하며 그를 기억했습니다. 어떤 이는 예수님이 행하신 기적(병 고침, 귀신 쫓아냄 등)을 생생하게 회상했고, 또 다른 이는 예수님의 가르침이 자신의 삶을 어떻게 변혁시켰는지 간증했습니다. 일부는 예수님의 무죄한 죽음과 그 깊은 의미를 기록하기 시작했습니다. 이렇게 형성된 기적 이야기, 설교 말씀, 수난 이야기는 초기 교회 안에서 여러 맥락(논쟁, 선교, 교육)을 거치며 더욱 정교해졌고, 결국 복음서로 완성되었습니다. 그런데 이미 마르코, 루가, 요한 복음이 존재했음에도 불구하고 왜 마태오 복음이 필요했을까요?

어떤 의미에서는 마태오 복음 저자가 새로운 복음을 작성한 것이 아니라, 기존의 여러 사본을 활용해 마태오 복음을 편집한 셈입니다. 그가 가장 중시한 기록은 무엇이었을까요? 학자들은 '네 가지 출처 가설'Four-Source Hypothesis에 동의합니다. 이는 마태오가 마르코 복음(가장 이른 복음서)을 기본 뼈대로 삼고, 예수님의 말씀만 담긴 'Q(독일어 'Quelle'에서 유래)'라는 가상 자료와 자신의 독자적 자료 'M(마태오 자료)'을 종합해 복음을 완성했다는 주장입니다. 마태오 복음과 루가 복음에만 나타나는 예수님의 말씀이 약 200절 정도 동일하게 등장하므로, 'Q'라는 문서가 있었을 가능성이 높습니다. 그 외에 마태오 복음만 포함하고 있는 여러 이야기는 'M'이라 부릅니다.

왜 학자들은 "마태오가 마르코를 알고 있었으며, 이를 바탕으로 글을 썼다"고 말할까요? 주요 이유는 첫째, 마르코 복음 본문의 약 80%가 마태오 복음에 온전히 등장하기 때문입니다. 둘째, 마르코 복음의 그리스어는 어휘와 구문 면에서 보다 단순하고 아람어의 영향을 많이 받은 반면, 마태오 복음은 어휘가 더 풍부하고 세련되었습니다. 셋째, 제자들에 대한 묘사가 마르코 복음에서는 더욱 부정적으로, 마태오 복음에서는 비교적 긍정적으로 나타납니다. 이러한 특징을 토대로, 마태오가 마르코보다 나중에 쓴 사람이라는 결론이 유력해집니다. 문체를 다듬었고, 초기 교회가 존경하는 제자들의 이미지를 일부 개선했을 것이라는 추정이 가능합니다. 또한, 마태오는 여기에 'Q' 자료와 자신의 'M' 자료 등을 결합해 훨씬 더 풍부하고 긴 복음을 저술했습니다.

루가 복음 저자는 자신의 작업 의도를 분명히 밝혔지만("이 글을 보시고 이미 듣고 배우신 것들이 틀림없는 사실이라는 것을 알아주시기 바랍니다" 루가 1:3-4 참조), 마태오 복음 저자는 그렇게 명시하지 않았습니다. 우리는 마태오가 예수님의 이야기를 전개하는 방식, 즉 문학적 구성과 반복되는 주제 등을 관찰해야 합니다(서술비평). 또 다른 방법은 마르코, 루가와의 비교를 통해 마태오가 같은 자료를 어떤 식으로 편집하여 그만의 관점과 메시지를 드러냈는지 살펴보는 것입니다(편집비평).

예수님의 이야기는 어떻게 전해지는가?

마태오 복음을 간단히 살펴보려면, 우선 마르코 복음의 구조와 비교하는 것이 좋습니다. 마르코는 예수님의 성년기부터 시작해 갈릴래아 사역을 기록하고, 예루살렘에서의 십자가와 빈 무덤 사건으로 갑작스럽게 끝납니다. 이 결말은 독자에 따라 비극처럼 보일 수도 있습니다. 마르코는 예수님이 갈릴래아에서 강력한 기적과 권능 있는 가르침을 보여 주셨으나, 갑작스럽게 예루살렘으로 가셔서 고난당하고 처형되신 사건을 기록합니다. 이러한 결말은 일부 독자들에게 혼란을 줄 수 있지만, 마르코는 이를 통해 "구원의 비밀인 십자가"라는 신학적 메시지를 전달하고자 합니다. 즉, 마르코는 갈릴래아 사역(마태 1-9장)을 통해 예수님이 하느님의 나라를 선포하고 기적을 행하시며, 사람들에게 놀라운 지혜와 자비를 베푸셨음을 보여 줍니다. 그러나 8장 29절에서 제자 베드로가 "선생님은 그리스도이십니다."라고 고백하자, 예수님은 곧장 예루살렘에서 고난당하고 죽으시리라는 예언을 세 번 반복하십니다(마태 8:31, 9:31, 10:33-34). "메시아이신 예수님이 왜 십자가에서 죽으셔야 하는가?" 이에 대한 답을 주기 위해 마르코는 예수님의 죽음을 "몸값", 즉 죄인을 위한 희생으로 해석합니다(마태 10:45). 그리고 부활의 암시를 남깁니다만, 그것이 매우 짧고 간결하게 끝납니다.

반면 마태오 복음은 예수님의 기원을 아브라함과 다윗에서부터 계보로 연결하고(1장), 예수님의 탄생 이야기(1-2장), 광야 시험(4장), 길게 이어지는 가르침(5-7장) 등 새로운 자료를 대폭 추가했습니다. 마태오는 한층 풍성해진 예수님의 "전기"를 제시합니다. 간략하게는 1-4장(탄생과 공생애 준비), 5-25장(본격적인 활동), 26-28장(수난과 부활)로 나눌 수 있습니다. 이 중에서 특히 두드러지는 것은 예수님의 가르침이 크게 강조된다는 점입니다. 마태오는 Q 자료와 자신의 M 자료를 활용해 "5개의 긴 말씀"을 구성해 넣었는데, 산상수훈(5-7장), 제자 파송(10장), 비유(13장), 교회 내 윤리와 훈계(18장), 종말론적 담화(24-25장)가 바로 그것입니다. 각 가르침 끝에는 "예수께서 말씀을 마치시고"라는 맺는 표현이 있어, 구조상 명확히 구분됩니다. 마지막(26-28장) 부분에서는 예수님이 제자들의 배신, 대제사장과 로마 법정의 심판, 군병들의 조롱, 십자가의 처형을 겪고, 부활하신 뒤 제자들에게 나타나십니다. 특히 마태오는 부활 후 장면을 더 자세히 기록하고, "너희는 가서 이 세상 모든 사람들을 내 제자로 삼아라(마태 28:19)"라는 명령으로 복음을 마칩니다. 즉, 예수께서 교회에 '가르침 사역'을 계승하신 뒤 세상 끝날까지 함께 하시겠다고 약속하십니다.

요약하면, 마태오는 마르코보다 훨씬 풍부하게 예수님을 소개하며, 그 의도를 고대 전기biography 장르에 맞게 구현했습니다. 영웅적 인물의 출생, 성장, 죽음 이후의 지속적 영향에 이르는 전형적인 구조를 갖추었고, 예수님을 "새로운 모세"이자 "참된 율법 교사"로 보여 주며, 최종적으로 "십자가와 부활을 통해 죄인을 구원하시는 구원자"라는 결론에 이릅니다. 그것은 곧 마태오가 독자들에게 예수님을 믿고(신앙), 따르며(제자도), 교회 공동체 안에서 서로 사랑하고 하느님의 뜻을 행하라는 강력한 요청입니다.

마태오 복음의 첫 독자

마태오는 왜 독자들에게 예수님을 믿도록 영감을 주는 것뿐만 아니라 진정한 제자가 되도록 가르치는 것이 중요하다고 생각했을까요? 우리는 종종 같은 주제를 다른 방식으로, 다른 청중에게 이야기합니다. 어린 아이들에게는 간단한 단어와 쉬운 아이디어로 이야기할 수 있지만, 공식적인 자리에서 어른들과 대화할 때는 어투를 가다듬습니다. 전문적인 주제를 전문가와 토론할 때는 전문 용어를 사용하고, 비전문가에게 실용적인 것을 설명할 때는 직접적인 용어를 선택합니다. 그렇다면 마태오는 첫 독자가 누구였을까요?

마태오는 자신의 독자를 명시적으로 언급하지 않았습니다. 마태오는 바울로가 초기 그리스도교 공동체에게 보낸 서신에서처럼, 자신이 의도한 독자, 그들의 위치, 관심사 등에 대해 직접적으로 언급하지 않습니다. 그러나 마태오가 전한 예수님과 제자들의 이야기를 통해 독자의 특성을 파악할 수 있는 단서를 찾을 수 있습니다. 우선, 마태오는 대부분의 독자가 유대인이었음을 암시합니다. 예수님과 유대인 족장 아브라함, 다윗 왕을 연결하는 족보, 메시아 예언을 성취했다고 주장하는 구약성서의 인용문, 모세의 삶을 연상시키는 탄생 이야기는 마태오 복음에만 등장하는 자료입니다. 이는 저자의 유대인적 배경을 반영하며, 구약성서에 익숙하고 그 권위를 믿는 유대인 독자들에게 특히 매력적이었습니다. 예수님의 순수성과 이혼에 관한 율법 논쟁은 이방인 독자들보다 유대인 독자들에게 더 큰 관심을 불러일으켰습니다. 따라서 마태오 복음의 독자 대부분이 민족적, 문화적으로 유대인이라고 추정할 수 있습니다.

마태오는 이방인 독자들에게도 다가가고자 했습니다. 그래서 임마누엘(마태 1:23), 골고타(마태 27:33), 엘리 엘리 레마 사박타니(마태 27:46)와 같은 간단한 셈어 단어를 그리스어로 번역했습니다. 모든 민족을 양과 염소로 구분하는 최후의 심판과 모든 민족을 제자로 삼으라는 명령은 이방인 독자들에게도 직접적으로 다가갔습니다. 따라서 마태오 복음의 교회는 인종적, 언어적, 문화적으로 혼합된 공동체였을 것으로 추측할 수 있습니다.

마태오 복음 독자들은 도시 거주자였던 것으로 보입니다. 마태오 복음에서 "도시"라는 단어가 마르코 복음에서 여섯 번 사용된 것에 비해 스물여섯 번 사용된 것을 보면 알 수 있습니다. 일부 독자는 부유했을 수도 있습니다. "은", "금", "재능"과 같은 단어의 빈번한 사용은 이를 시사합니다. 성서 인용, 암시, 반향 그리고 법적 문제에 대한 비교적 정교한 논쟁이 빈번히 등장하는 점을 감안할 때, 많은 독자들이 마태오의 다층적이고 복잡한 논증을 이해하기 위해 교육을 받았으며 유대 법에 대한 강한 관심을 가지고 있었을 것입니다. 다시 말해, 마태오의 교회는 사회 변두리에 사는 은둔자나 종파 집단과는 거리가 멀었습니다.

마태오 복음에서 가장 눈에 띄는 것은 예수님과 바리사이파 사람들 사이의 극심한 적대감입니다. 예를 들어, 예수님은 대사제들과 장로들에게 하늘 나라를 그들에게서 "빼앗아서", "도조를 잘 내는 백성들"에게 줄 것이라고 단도직입적으로 말씀하십니다(마태 21:43). 그는 또한 율법을 잘 가르치는 것으로 존경받던 바리사이파 사람들과 율법학자들을 자신들만을 위한 위선자라고 공개적으로 비난했습니다(마태 23:13-36). 이에 대한 보복으로, 예루살렘의 여러 지도자들이 힘을 합쳐 예수님을 함정에 빠뜨리고 죽이려고 음모를 꾸몄습니다. “바리사이파 사람들은 물러가서 어떻게 예수님을 없애버릴까 하고 모의하였다.”(마태 12:14). 전통적인 경쟁자인 바리사이파 사람들과 사두가이파 사람들은 손을 맞잡고 예수님을 거부했습니다. 저자는 회당을 그들의 것이라고 언급하기도 합니다. “너희를 법정에 넘겨주고 회당에서 매질할 사람들이 있을 터인데 그들을 조심하여라.”(마태 10:17). 마치 예수님이 그들과 아무런 관련이 없는 것처럼 말입니다. 이러한 적대감의 징후는 마태오의 교회와 인근의 유대인 공동체 사이에 존재했던 심리적 거리감과 사회적 분리를 반영합니다.

강렬한 적대감은 마태오의 교회가 특정 지역에 위치했음을 시사합니다. 마태오의 교회는 그리스도교 공동체와 유대인 회당이 독립적이고 서로 경쟁할 수 있을 만큼 크고 강했던 주요 도시 또는 그 근처에 위치해 있었을 것입니다. 학자들이 여러 가지 제안을 내놓았지만, 펠라, 카이사리아, 세포리스 등 여러 가능성이 있으나, 로마 시리아의 오론테스 강변에 위치한 안티오키아가 가장 그럴듯한 장소로 남아 있습니다. 그 이유는 세 가지입니다.

첫째, 안티오키아의 주교였던 이그나티우스는 마태오 복음에만 나오는 예수님의 말씀과 여러 언급을 그의 편지에서 인용했습니다. 예를 들어, 예수님의 세례를 “하느님께서 원하시는” 모든 일을 이루기 위한 것이라고 되어 있으며(마태 3:15, 스미르나인들에게 보낸 편지 1:1), 거짓 예언자는 양의 탈을 쓴 이리와 같다고 되어 있습니다(마태 7:15, 필라델피아인들에게 보낸 편지 2:2). 이 편지들은 2세기 초 로마에서 순교하기 위해 가는 길에 이그나티우스가 쓴 것으로, 마태오 복음에 대한 최초의 증거입니다.

둘째, 50년경 예루살렘에 최초의 교회가 세워진 직후, 유대 당국에 의해 박해를 받고 교인들이 흩어지게 되자 안티오키아에 교회가 세워졌습니다. 예수님의 추종자 중 일부는 북쪽으로 이동하여 안티오키아에 정착했고, 유대인과 이방인 모두를 개종하기 시작했습니다. 바르나바와 바울로가 그들의 첫 번째 지도자가 되었고, 그곳에서 예수님의 추종자들이 처음으로 "그리스도인"이라고 불리게 되었습니다(사도 11:26).

셋째, 제1차 유대 전쟁(66-70년) 중 그리고 그 이후에 많은 유대인 난민들이 팔레스타인 북쪽의 대도시 안티오키아로 피신했습니다. 그곳에는 상당한 규모의 유대인 공동체가 난민들을 보호하고 돌볼 수 있었습니다. 바리사이파 랍비들은 전쟁이 끝난 후 그곳 회당에서 빠르게 지도력을 회복했습니다.

따라서, 만약 마태오 복음이 실제로 70년 이후 안티오키아나 그 인근 지역에서 작성되었다면, 그 이전에 그곳에서 있었던 여러 논쟁들을 마태오가 복음서를 쓸 당시 그와 그의 교회의 유산으로 고려해야 합니다. 예를 들어, 유대인 그리스도인들과 이방인 그리스도인들 간의 식탁 교제를 둘러싼 논쟁으로 인해 베드로와 바울로 사이에 공개적인 다툼이 발생했던 일(갈라 2:11-14)이나, 성령의 인도로 소아시아에 복음을 전하게 된 선교(사도 13:1-3) 등이 이에 해당합니다. 또한, 마태오는 "가장 작은 계명 중에 하나라도 스스로 어기거나, 어기도록 남을 가르치는 사람은 누구나 하늘 나라에서 가장 작은 사람 대접을 받을 것이다"(마태 5:19)라는 예수님의 말씀을 기록했을 때, 이는 은혜로 말미암는 의를 설교했던 사도 바울로나, 유대교 율법이 더 이상 유효하지 않다고 여겼던 그의 급진적인 추종자들을 언급했을 가능성이 있습니다. 바울로나 베드로 시대의 교회에서 유대인과 이방인 신자들의 지위를 둘러싼 긴장관계의 역사와, 당시 이 두 사도의 전통을 주장하던 여러 집단들을 고려할 때, 마태오는 예수께서 내리신 두 가지 역사적인 사명을 기록함으로써 교회 내 유대인과 이방인 구성원 모두의 지위를 인정하고자 했을 수 있습니다. 즉, 제자들을 먼저 '이스라엘 백성 중의 길 잃은 양들'(마태 10:6)에게 보내고, 이후 '세상 모든 사람들'(마태 28:19)에게 보낸 것입니다.

마태오의 의도

첫째, 영적인 문제입니다. 마태오 복음에서 예수님은 사역을 시작하면서 율법과 선지자들을 "없애러 온 줄로 생각하지 마라. 없애러 온 것이 아니라 오히려 완성하러 왔다"(마태 5:17)고 선언하셨습니다. 이는 율법과 선지자들이 모든 일이 이루어질 때까지 사라지지 않을 것임을 의미합니다. 예수님은 율법을 지키고 다른 사람들에게도 그렇게 하라고 가르치는 사람들은 큰 사람 대접을 받을 것이라고 말씀하셨습니다(마태 5:19). 반면, "악한 일을 일삼는 자"는 하느님 나라에서 쫓겨날 것이라고 경고하셨습니다(마태 7:23).

부자 청년이 예수님께 영생을 얻기 위해 무엇을 해야 하는지 물었을 때, 예수님은 "계명을 지켜라"라고 답하셨습니다(마태19:17). 완전해지고 싶다면, 모든 재산을 팔아 가난한 사람들을 돕고 예수님을 따르라고 말씀하셨습니다. 또한, 천국에 들어가기를 원하는 사람은 바리사이파 사람과 율법학자보다 더 큰 의를 행해야 한다고 강조하셨습니다. 왜냐하면 천국은 악한 세입자에게서 빼앗아 "도조를 잘 내는 백성들"에게 주어지기 때문입니다(마태 21:43).

의(義)는 무엇보다도 중요합니다. 예수님은 제자들에게 바리사이파 사람의 가르침을 따르되 그들의 행동은 따르지 말라고 경고하셨습니다. "그들은 말만 하고 실행하지는 않는다."(마태 23:3). 율법을 따르고, 계명을 지키고, 의를 행하는 것의 중요성을 반복적으로 강조한 것은 마태오 복음 독자들 중 상당수가 도덕적 방종에 빠졌으며, 믿음만 있으면 구원받을 수 있다고 잘못 생각하고 있었음을 시사합니다.

마태오는 영적 경계를 촉구하기 위해 복음서 전체에 걸쳐 종말론적 경고를 강조했습니다. 예수님은 각 설교의 끝에서 최후의 심판에 대한 경고를 통해 가르침을 마무리하셨습니다. 예를 들어, 혼인 잔치의 비유에서 예복을 입지 않은 한 남자가 갑자기 잔치에 초대되었음에도 불구하고 왕에 의해 결박되어 바깥 어두움에 던져집니다(마태 22:13). 이 이야기는 많은 사람이 부르심을 받았지만 선택된 사람은 소수라는 메시지를 전달하며, 마태오 복음 독자들에게 하느님의 은혜에 합당한 삶을 살라는 엄중한 경고를 전합니다.

마태오는 마지막 강론을 종말론적 주제로 한정하여 종말의 징조, 인자의 오심, 충실한 종과 불충한 종의 비유, 열 처녀, 달란트, 양과 염소의 비유를 통해 "작은 묵시록"을 전했습니다. 마지막으로, 복음은 예수님의 약속으로 끝을 맺습니다. 예수님은 "세상 끝날까지" 모든 민족을 제자로 삼는 사명을 수행하는 제자들과 항상 함께 하시겠다고 약속하셨습니다(마태 28:20). 예수님의 가르침을 듣고 실천하면 최후의 심판을 잘 준비할 수 있을 것입니다. 따라서 마태오는 예수님의 가르침의 역할을 강조함으로써 독자들의 도덕적, 영적 안일함을 깨우치려 했습니다.

둘째, 논쟁적인 주제가 있습니다. 마태오의 교회는 예수님이 메시아이자 하느님의 아들이라는 사실과 하느님의 새로운 피조물로서 교회의 정당성에 대해 랍비들과 격렬하게 논쟁하고 있었습니다. 이를 어떻게 알 수 있을까요? 먼저, 마태오는 예수님의 대적자로 바리사이파 사람들을 지목했습니다. 그들은 세리와 죄인들과 어울리는 예수님을 비난하고(마태 9:11), 마술을 부려 귀신을 쫓아낸다고 비난하며(마태 9:34, 10:25, 12:24), 그를 "거짓말쟁이"라고 부릅니다(마태 27:63). 바리사이파 사람들은 예수님을 제거해야 할 반항적이고 무책임한 지도자로 낙인찍으려 했습니다.

야브네(제1차 유대 전쟁 이후 중요한 역할을 했던 도시) 랍비들이 마태오의 교회에 대한 공격을 주도하고 있었을 가능성도 있습니다. 제1차 유대 전쟁 이후, 바리사이파 랍비들은 유대 공동체의 지도자가 되었고, 사제들과 사두가이파는 사회적 기능과 지도자 지위를 잃었습니다. 랍비들은 자신들이 해석하는 율법을 지키라고 주장하며, 성전에서 제사를 대신하는 율법 공부를 경건한 예배 행위이자 국가를 구원하는 유일한 방법으로 간주했습니다. 이 관점에서, 마태오의 교회는 유대교의 왜곡된 버전을 가르치는 이단 종파로 여겨졌습니다. 그리스도인들은 예수님을 하느님의 아들로 고백함으로써 유일하고 살아계신 하느님에 대한 유대교의 믿음을 모독했습니다. 또한, 안식일 법을 어기고 순결의 법을 무시하는 등 거룩한 전통을 어겼습니다. 유대인과 이방인이 교회에서 함께 앉아 식사하는 것도 포함됩니다.

마태오 복음에서 예수님이 율법과 예언을 없애려는 것이 아니라 완성하러 왔다고 선언한 것은 그리스도인에 대한 랍비들의 "불법"이라는 비난을 반박하기 위한 것이었습니다. 마태오는 논지와 반론의 패턴에 따라 여섯 가지 진술을 전달했습니다. 예를 들어, "살인하지 마라. 살인하는 자는 누구든지 재판을 받아야 한다."는 옛 사람들의 말씀을 인용하며, "그러나 나는 이렇게 말한다. 자기 형제에게 성을 내는 사람은 누구나 재판을 받아야 하며, 자기 형제를 바보라고 욕하는 사람은 중앙 법정에 넘겨질 것이다. 또 자기 형제더러 미친놈이라고 하는 사람은 불붙는 지옥에 던져질 것이다."(마태 5:21-22)라는 새로운 가르침을 추가했습니다. 이러한 수사적 방법을 통해 마태오는 그리스도인들이 더 높은 수준의 율법을 지켰음을 증명하려 했습니다.

또한, 마태오는 예수님을 현명한 율법 교사로 묘사하며, 바리사이파 사람들의 질문에 놀라운 답변을 남기셨습니다. 바리사이파 사람들은 침묵할 수밖에 없었습니다(마태 22:15-46). 마태오 복음에서 예수님은 바리사이파 사람들과 율법학자들의 위선과 악행을 여섯 가지 비유로 꾸짖으시며 가차 없는 분노를 표출하십니다. 예수님은 "율법학자들과 바리사이파 사람들아, 너희 같은 위선자들은 화를 입을 것이다. 너희는 하늘 나라의 문을 닫아놓고 사람들을 가로막아 서서 자기도 들어가지 않으면서 들어가려는 사람마저 못 들어가게 한다"(마태 23:13-14)라고 말씀하셨습니다.

셋째, 사목적 문제도 있습니다. 마태오는 교회 내 리더십의 질과 공동체를 위협하는 불화에 대해 염려했습니다. 그에게 있어서 교회 지도자의 가장 중요한 임무는 율법과 예언을 완성한 예수님의 계명에 순종하고, 다른 사람들에게도 순종하도록 가르치는 것이었습니다. 하느님의 뜻을 행하는 것이 리더십의 첫 번째 특성입니다. 좋은 지도자는 공허한 말로 가르치지 않고, 개인적인 모범을 보입니다. 예수님은 제자들에게 "주님, 주님"이라고 부르는 모든 사람이 예언을 하거나, 귀신을 쫓아내거나, 예수님의 이름으로 기적을 행하더라도 하느님의 나라에 들어갈 수 있는 것은 아니라고 경고하셨습니다. 그러나 하느님의 뜻을 행하는 사람은 들어갈 수 있다고 말씀하셨습니다(마태 7:21-23).

예수님은 교만한 바리사이파 사람들을 꾸짖으시며, 군중과 제자들에게도 말씀하셨습니다. "그들이 말하는 것은 다 실행하고 지켜라. 그러나 그들의 행실은 본받지 마라. 그들은 말만 하고 실행하지는 않는다"(마태 23:3). 좋은 지도자는 겸손해야 합니다. 교만은 사탄이 가장 많이 사용하는 유혹이기 때문입니다. 예수님이 광야에서 마지막 시험을 받으셨을 때도, 사탄이 예수님께 가장 많이 사용한 유혹이 교만이었음을 알 수 있습니다. 그러므로 예수님은 제자들에게 엄하게 명령하셨습니다. "너희는 스승 소리를 듣지 마라. 너희의 스승은 오직 한 분뿐이고, 너희는 모두 형제들이다. 또 너희는 지도자라는 말도 듣지 마라. 너희의 지도자는 그리스도 한 분뿐이시다"(마태 23:8, 10). 훌륭한 리더십을 발휘하기 위해서는 겸손이 무엇보다 중요합니다.

마태오 복음의 저자는 모범적인 리더십의 문제 외에도, 서로 용서하라는 반복적인 조언에서 알 수 있듯이, 공동체를 분열시키는 불화에 대해서도 우려하고 있었습니다. 예를 들어, 첫 번째 대립구절에서 예수님은 제자들이 형제자매에게 화를 내지 말아야 한다고 말씀하셨습니다. 그렇게 하면 살인죄를 짓게 되기 때문입니다. 또한, 서로 욕하지 말아야 하고, 제단에서 제물을 바치기 전에 화해를 추구해야 한다고 말씀하셨습니다.

상호 용서의 중요성을 강조하기 위해 마태오는 주기도문에 경고를 추가했습니다. “너희가 남의 잘못을 용서하면 하느님께서도 너희를 용서하실 것이다. 그러나 너희가 남의 잘못을 용서하지 않으면 아버지께서도 너희의 잘못을 용서하지 않으실 것이다”(마태 6:14-15). 공동체 내부의 분쟁에 대한 가장 확실한 증거는 마태오 복음 18장에 나와 있습니다. 예수님은 제자들에게 다른 사람의 죄를 회개하지 않는 사람들을 징계하는 방법을 가르치셨습니다. 죄인은 정당한 절차를 거쳐야 하며, 전체 공동체가 합의에 도달한 후에야 제명될 수 있습니다. 베드로가 이어서 던진 질문, “주님, 제 형제가 저에게 잘못을 저지르면 몇 번이나 용서해 주어야 합니까?”(마태 18:21)와 용서하지 않는 종의 비유는 마태오가 독자들에게 서로 용서하고 화해하여 교회가 하나가 되도록 촉구했음을 보여줍니다. 마태오는 교회를 세우는 데 도움이 되는 예수님의 가르침을 복음서에 많이 포함시켰습니다.

마태오 복음이 등장한 직후, 그 가르침은 초대 교회에서 널리 퍼지기 시작했습니다. 마태오 복음은 예수님의 생애에 대한 포괄적인 이야기와 예수님의 가르침에 대한 풍부한 개요를 담고 있어 호평을 받았으며, 교리 교육, 예배, 선교의 기초 텍스트로 교회에 큰 도움이 되었습니다. 곧 교회의 복음서가 되었고, 수세기 동안 주일 예배를 위한 성서 본문으로 사용되었습니다. 그 결과, 해석의 역사도 길고 복잡해졌습니다. 크리소스토무스, 아우구스티누스, 칼빈과 같은 신학자들은 모두 그 본문과 신학적인 메시지에 대한 광범위한 주석과 설교를 남겼습니다. 마태오 복음의 영향은 교회의 신앙과 실천, 그리고 서구 사회의 삶과 역사에 깊고 넓게 퍼져 있습니다.

예를 들어, 동방에서 베들레헴으로 와서 아기 예수님을 경배하러 온 동방박사의 이야기는 교회의 성탄절 분위기를 풍성하게 하고, 세계의 많은 오지 지역으로 선교 활동을 촉진하는 데 기여합니다. 산상수훈은 그리스도교 윤리의 도덕적 원칙을 형성하는 데 많은 영향을 미쳤고, 사회 정의와 정의로운 전쟁에 관한 정치 이론에 대한 주요 논쟁을 촉발했습니다. 양과 염소 같은 비유는 교회에서 수많은 사회 봉사 활동, 자선 단체, 자원봉사 활동에 영감을 주었습니다.

반면, 마태오 복음은 잘못 해석되거나 사용되어 교회와 세상에 큰 피해를 입히기도 했습니다. 예를 들어, 마태오 복음 23장에서 예수님이 바리사이파 사람들에게 내뱉은 일련의 "화"와 예수님의 피에 대한 저주("그 사람의 피에 대한 책임은 우리와 우리 자손들이 지겠습니다" 27:25)는 수세기 동안 반유대주의를 정당화하고 지지하는 데 사용되었습니다. 또한, 사도 베드로가 그리스도교 교회의 창시자라는 논쟁은 로마 가톨릭과 개신교 간의 갈등을 악화시켰습니다.

인종 차별과 종교 전쟁으로 인한 재앙을 고려할 때, 마태오 복음에 나오는 논쟁적인 언어를 그 자체의 맥락에서 분석하고 모든 민족을 위한 구원의 복음을 해석하는 방법을 결정하는 것은 중요한 해석학적, 윤리적 문제를 제기합니다. 마태오는 우리에게 세상을 바꿀 수 있는 예수님의 삶과 가르침에 대한 강력한 이야기와 새로운 복음을 주었지만, 동시에 비판적 인식과 기도하는 마음으로 성찰하면서 신중하게 연구해야 할 필요성을 강조합니다. 이제 우리는 그 과제에 착수할 것입니다.

생각해 볼 문제 - 제1장: 새로운 복음

저자는 신약성서 복음서가 추도사의 목적을 가지고 있다고 말합니다. 다른 추도사들과 마찬가지로, 우리는 이를 통해 부활하신 주님과 관계를 맺고 있으며 그분을 이해하고 있는 이들에 관해 배울 수 있습니다. 지금부터 복음서와 예수님이 당신과 어떤 관계를 가지고 있는지를 살펴봅시다.

- 예수님의 이름이 언급될 때 떠오르는 어린 시절 이야기는?
- 그 기억이 형성된 곳은? (교회? 주일 학교? 가정? 어린이 성서? 영화? 설교?)
- 추도사의 목적은 무엇이라고 생각하나요?
- 당신이 예수님을 위한 추도사를 쓴다면 어떤 내용을 담을 건가요? 그분의 추도식에서 어떤 이야기를 전하시겠습니까?

저자는 복음서를 보는 두 가지 관점, 즉 역사적 관점과 신앙적 관점을 대조하며, 성서를 읽는 다양한 방법, 공관복음서(마태오, 마르코, 루가)를 대조하여 읽는 방법을 제시합니다.

- 여러분은 복음서가 무엇이라고 생각하십니까? 역사학자들의 견해에 동의하십니까, 아니면 신앙적 해석이 포함되어야 한다고 생각하십니까?
- 복음서를 예수님에 대한 추도사라고 본다면, 그 목적은 무엇일까요?
- 서사비평과 편집비평의 차이는 무엇인가요?
- 공관복음서들의 차이점은 무엇입니까?

마태오 복음에는 예수님의 사명과 사역에 대한 특별한 목적과 의미가 담겨 있습니다. 마태오 복음서 1장을 갈라디아인들에게 보낸 편지 2:11-14, 사도행전 13:1-3과 함께 읽어보세요.

- 마르코 복음은 예수님을 어떻게 묘사하고 있으며 어디에 초점을 두고 있습니까?
- 위 질문과 연결하여, 마태오는 왜 예수님에 대한 다른 기록을 썼을까요?
- 고대 전기문학은 오늘날과 어떻게 다를까요?
- 예수님을 본받는 것(초대 교회와 오늘날 모두)이 어떻게 영적 성장으로 이어질까요?
- 마태오는 왜 복음서 전반에 걸쳐 종말론적 경고를 강조할까요?
- 저자는 민족주의로 인해 드러나는 도덕적, 정신적 안일함이 마태오 복음의 핵심이라고 말합니다. 이에 동의하십니까? 이것은 오늘날의 어떤 상황과 유사한가요?

제2장

예수, 하느님의 아들

그리스도교 예술과 전통에서 네 개의 복음서는 종종 요한 묵시록에 등장하는 하느님의 보좌를 둘러싼 네 개의 "살아 있는 생물"과 연관됩니다. 이 생물들은 인간, 사자, 소, 독수리로 표현됩니다. 이레네우스와 히에로니무스은 마태오 복음을 날개 달린 사람, 즉 천사와 연결했으며, 아우구스티누스는 사자와 비교했습니다. 복음서마다 서로 다른 상징을 사용하는 것은 초기 교회 신학자들이 각 복음서가 예수님에 대한 독특한 관점을 담고 있으며, 그분의 인격의 특정 측면을 강조하고 있다고 이해했음을 보여줍니다.

네 개의 복음서를 모두 읽어야 예수님의 정체성과 사역의 다양한 측면을 온전히 파악할 수 있습니다. 이를 통해 우리는 예수님의 삶, 죽음, 부활 속에서 하느님의 신비를 엿볼 수 있습니다. 이와 같은 상징들은 단지 예수님을 이해하기 위한 도구일 뿐입니다. 그렇다면 마태오 복음의 상징들은 예수님에 대해 무엇을 말하고 있을까요? 예수님은 누구이며, 그분의 이야기는 우리의 믿음과 삶에 어떤 변화를 가져올 수 있을까요?

고대 전기에서는 주인공의 출생 배경과 어린 시절을 이야기의 서두에 배치하는 경우가 많았습니다. 이러한 배경 정보는 왜 중요했을까요? 당시 독자들은 뛰어난 업적을 이룬 사람이 평범한 사람들과는 다른 타고난 성품이 있으며, 고도의 교육을 받았을 것이라고 믿었습니다. 따라서 그들의 가문과 교육 수준에 대해 관심을 가졌고, 또한 그들의 용기나 지혜가 특별한 이유를 알고 싶어 했습니다. 이런 업적이 단지 개인의 노력만이 아니라 신의 은총과 비범한 양육 덕분이라는 점은 독자들에게 매력적이었습니다. 주인공의 출생과 관련된 이례적인 사건, 뛰어난 스승과의 교류는 신의 은총을 보여주는 증거로 여겨졌습니다.

특히 유대교와 그리스도교 전기biography에서는 성경 예언의 성취가 중요한 요소로 작용했습니다. 이는 영웅의 업적이 하느님의 계획과 의도에 의해 이뤄진 것임을 증명하기 때문입니다. 따라서 고대 전기의 도입부는 두 가지 주요 역할을 했습니다. 첫째, 영웅이 거룩한 은총을 받았음을 입증하는 것, 둘째, 그의 비범한 자질을 독자들에게 소개하는 것이었습니다. 이러한 배경 정보는 영웅이 많은 것을 성취할 수 있었던 이유를 설명하며, 동시에 전기 작가의 관점을 드러냈습니다.

마태오 복음은 예수님의 탄생과 유년 시절을 서두에 배치하며, 예수님을 하느님과 밀접히 연결된 존재로 묘사합니다. 이를 위해 두 가지 특별한 칭호인 "메시아"와 "하느님의 아들"을 강조합니다. 이 칭호들은 예수님의 치유와 가르침, 공적 사역의 의미를 심화시키고, 구속적 죽음의 중요성을 이해하도록 돕습니다. 이러한 명칭은 예수님이 하느님으로부터 사명을 받았으며, 하느님과 특별한 관계를 맺고 있음을 보여줍니다. 더불어 예수님의 권위와 사명의 기원이 어디에서 비롯되었는지도 설명합니다.

메시아

마태오는 자신의 복음서를 "메시아 예수"의 족보로 시작하며, 이후 예수님을 "메시아"라고 부릅니다. 이 칭호는 히브리어로 "기름 부음 받은 자"를 뜻합니다. 당시 "예수"라는 이름은 유대인들 사이에서 흔한 이름으로, 히브리어로 "하느님이 구원하심"을 의미하는 "예슈아"Yeshuah 또는 "여호수아"Joshua에서 유래했습니다. 또한 유대 역사에서 사제 아론, 유다 왕 다윗, 페르시아 왕 키루스 등 여러 인물이 "메시아"로 불렸습니다. 이들은 모두 하느님으로부터 기름부음을 받아 하느님의 백성을 위한 구원의 사명을 수행한 자들이었습니다.

특히 다윗 왕은 이스라엘 역사에서 탁월한 메시아로 평가받습니다. 그는 주님의 총애를 받은 종이자 강력한 왕국을 세우고 다스린 가장 위대한 왕으로, 이스라엘 백성은 또 다른 다윗, 즉 메시아의 도래를 간절히 기다렸습니다. 예수님 이전 시대, 이스라엘 백성은 바빌론 망명 이후 예루살렘에 두 번째 성전을 재건했지만, 로마의 통치 아래에서 무거운 세금과 잔인한 억압을 겪으며 자유와 번영을 갈망했습니다. 이러한 상황에서 메시아를 기다리는 행위는 정치적 희망이자 종교적 기도가 되었습니다.

이와 같은 대중의 기대를 고려할 때, 마태오가 나자렛 출신 예수님이 메시아라고 주장한 것은 매우 대담한 일이었습니다. 예수님은 갈릴래아 지역의 가난한 농민들 사이에서 진솔한 예언과 자비로운 기적을 통해 명성을 얻으셨지만, 결국 유대 지방의 로마 총독 본티오 빌라도에게 체포되어 모욕을 당하고 처형되었습니다. 예수님이 십자가의 고통과 죽음에서 자신을 구하지 못했다면, 어떻게 메시아가 될 수 있었을까요? 또한, 그가 하느님의 천사들을 불러 사형 집행자를 물리치지 않았다면, 신자들은 어떻게 그를 믿고 억압에서 해방될 수 있었을까요? 이와 같이 예루살렘에서 벌어진 일들은 당시 사람들이 기대했던 메시아의 모습과 전혀 달랐습니다. 메시아는 강력한 구세주로 오실 분이었기 때문입니다(마태 21:9). 이러한 맥락에서 마태오 복음 초기 독자들에게 가장 중요한 질문은 "예수님이 어떻게 메시아가 될 수 있는가?"였습니다.

마태오는 복음서 서두에 예수님의 족보를 기록하며, 이 질문에 대한 답을 제시합니다. 유대인들은 메시아가 다윗의 후손이어야 한다고 믿었습니다. 이는 하느님께서 다윗과 그의 후손들에게만 왕좌의 통치권을 약속하셨기 때문입니다.

> "네 왕조, 네 나라는 내 앞에서 길이 뻗어나갈 것이며 네 왕위는 영원히 흔들리지 아니하리라." (2사무 7:16)

따라서 마태오가 증명해야 할 첫 번째 요점은 예수님이 다윗의 후손임을 입증하는 것이었습니다. 이를 위한 증거로 마태오는 다윗의 가계도에서 요셉의 족보를 제시합니다. 비록 예수님이 육체적으로 요셉에게서 태어나지 않았지만, 유대인의 법에 따르면 입양된 아들도 법적 상속자가 될 수 있었습니다. 따라서 요셉이 입양이라는 법적 행위를 통해 예수님께 이름을 부여한 것은 예수님이 다윗의 적법한 후손임을 보증하는 중요한 행위였습니다.

마태오는 예수님의 혈통을 더 거슬러 올라가 아브라함에까지 연결합니다. 이는 예수님이 유대인의 메시아일 뿐 아니라, "모든 민족이 복을 받을 유대인의 조상" 아브라함의 약속을 통해 이방인들에게도 복을 주는 분임을 암시합니다. 이러한 족보는 예수님의 메시아적 정체성과 사명을 뒷받침하며, 그분이 유대인과 이방인 모두를 위한 구원자임을 증명합니다

예수님이 기다리던 메시아라는 사실은 동방에서 온 동방박사들의 이야기에서도 강조됩니다. 그들은 예루살렘으로 와서 갓 태어난 왕을 찾아 경배하기 위해 말했습니다. "유다인의 왕으로 나신 분이 어디 계십니까? 우리는 동방에서 그분의 별을 보고 그분에게 경배하러 왔습니다."(마태 2:2) 대사제들과 율법학자들은 성서를 통해 베들레헴이 예언자 미가가 예언한 메시아의 탄생지라는 사실을 알았지만, 그를 경배하러 갈 만큼 관심을 보이지 않았습

니다. 이는 아마도 이 종교 지도자들이 "이스라엘의 목자"가 등장하여 그들의 통치권을 위협하거나 나눌 것을 원하지 않았기 때문일 것입니다. 이러한 태도는 예수님이 예루살렘에 도착했을 때 더욱 분명해졌습니다. 그들은 예수님에게 무뚝뚝하게 도전하며 물었습니다. "당신은 무슨 권한으로 이런 일들을 합니까?"(마태 21:23)

헤로데 왕과 유대 지도자들이 예수님을 거부한 동안, 동방에서 온 현자들은 그를 메시아로 경배했습니다. 이 극명한 대조는 하느님께서 모든 민족에게 거룩한 진리를 허락하시는 공평하신 분임을 보여줍니다. 메시아이신 예수님은 유대인과 이방인 모두에게 구원을 주실 분이지만, 권력에 대한 인간의 욕망은 일부 사람들이 그를 반대하도록 만들었습니다.

마태오는 갈릴래아에서 예수님의 가르침과 치유 사역을 중심으로 복음서의 중간 부분에서 예수님의 메시아적 정체성을 강조하기 위해 여러 이야기를 전합니다. 그 중 하나는 헤로데 왕의 아들 헤로데 안티파스가 근친혼을 했다는 이유로 세례자 요한이 가혹한 비판을 가한 후 투옥된 이야기입니다. 감옥에서 요한은 예수님의 사역에 대해 듣고 제자들을 보내 예수님이 진정 메시아인지 묻습니다. 이에 예수님은 자신의 메시아적 행적을 언급하며 대답하셨습니다.

> "눈먼 자를 보게 하고, 절름발이를 걷게 하며, 나병환자를 깨끗하게 하고, 귀머거리를 듣게 하며, 죽은 자를 살리고, 가난한 자에게 복음을 전한다." (마태 11:4-6)

예수님이 행하신 이 놀라운 일들은 그의 메시아적 능력을 분명히 입증하는 것이었으며, 사람들이 이를 보고자 한다면 그의 정체성을 의심할 여지가 없었습니다.

예수님의 진정한 정체성이 가장 잘 드러난 사건은 예수님이 제자들과 함께 필립보의 가이사리아를 여행하실 때 발생했습니다. 예수님은 제자들에게 물으셨습니다.

"너희는 나를 누구라고 생각하느냐?"(마태 16:15)

이에 베드로는 "살아 계신 하느님의 아들 그리스도이십니다."(마태 16:16) 라고 대답했습니다. 예수님은 기뻐하시며 베드로의 고백을 거룩한 계시로 확인하고, 그에게 하늘 나라의 열쇠를 주셨습니다.

나중에 예루살렘에 도착한 예수님은 자신의 반대자였던 바리사이파 사람들에게 다윗이 시편 110편에서 왜 메시아를 자신의 주라고 부르는지 설명해 보라고 하셨습니다. "주 하느님께서 내 주님께 이르신 말씀, 내가 네 원수를 네 발 아래 굴복시킬 때까지 너는 내 오른편에 앉아 있어라."(마태 22:44) 이 구절에서 "내 주님"은 하느님의 권위 있는 위치에 올라갈 메시아를 의미합니다. 이는 메시아를 "내 주님"으로 부르는 것이 모든 적을 물리치고 하느님과 함께 영광을 누릴 분에게 충성을 맹세하는 행위임을 뜻합니다.

결국 다윗과 메시아 중 누가 더 위대한 존재일까요? 이 문맥에서 예수님은 자신이 하느님과 함께 영광을 나누게 될 거룩한 주권자로 승격될 메시아임을 밝히셨습니다.

예수님이 메시아로 확인된 복음서의 기록을 보면, 대사제가 예수님을 재판하는 동안 그에게 메시아인지 아닌지 맹세할 것을 요구한 장면은 매우 아이러니합니다(마태 26:63). 이와 마찬가지로 로마 총독이 예수님의 십자가에 "이 사람은 유다인의 왕 예수다!"라는 글귀를 여러 언어로 써서 걸도록 명령한 것도 아이러니한 상황입니다(마태 27:37).

마태오는 예수님의 족보와 다양한 사건들을 통해 그분이 메시아임을 증명하려는 노력을 분명히 보여줍니다. 예수님은 구원의 역사를 이루기 위해 태어난 유다인의 왕으로, 적들을 물리치기 위해 수많은 천사들을 보내는 대신, 거룩한 힘으로 병자를 고치고 악령을 쫓아내셨습니다. 또한, 죄를 용서하기 위해 스스로 희생적인 죽음을 선택하셨으며, 부활을 통해 죽음을 정복하셨습니다. 마태오 복음에서 예수님은 대중의 기대를 넘어, 하느님의 백성을 구원하겠다는 약속이 어떻게 강력하게 성취되었는지를 보여주는 메시아로 묘사됩니다.

하느님의 아들

마태오는 예수님을 하느님의 아들이라고 주장합니다. 이 칭호는 하느님과의 독특하고 친밀한 관계를 나타냅니다. 유대인들에게 이 칭호는 인간으로서 감히 넘볼 수 없는 것이며, 신성모독에 해당한다고 여겨졌습니다. 그들은 전능하신 하느님을 세상의 거룩한 창조주로, 인간을 자비를 필요로 하는 죄 많은 피조물로 이해했습니다. 이러한 신학적 이유와 종교적 경건함 때문에, 하느님과 인간 사이의 경계를 넘는 것은 금기시되었습니다. 따라서 예수님이 재판 중에 자신이 메시아이자 하느님의 아들이라고 시인했을 때, 대사제가 즉시 사형을 선고한 것은 놀랄 일이 아닙니다.

유대인들에게는 불쾌한 표현이었을지 모르지만, 이 칭호는 마태오 복음에서 그리스도의 신학을 설명하는 핵심입니다. 이는 베드로가 필립보의 가이사리아에서 "살아 계신 하느님의 아들 그리스도이십니다"라고 고백한 내용(마태 16:18)의 일부입니다. 마태오 복음에서 이 고백은 마르코 복음과 비교될 때 그 중요성이 더욱 분명해집니다. 마르코 복음에서는 단순히 "선생님은 그리스도이십니다"라고만 언급되고 있기 때문입니다(마르 8:29).

헬레니즘 문화에 익숙했던 이방인들에게 "하느님의 아들"이라는 칭호는 낯설지 않았습니다. 고대에는 위대한 영웅의 거룩한 세계와의 특별한 관계를 나타내기 위해 그들을 종종 "신의 아들"이라 불렀으며, 이러한 특별한 관계를 그들의 기적적인 업적과 초인적인 능력의 근원으로 생각했습니다. 또한 예수님의 시대에는 "신의 아들"Divi filius이라는 용어가 로마 황제를 기리기 위해 사용되었습니다. 예를 들어, 율리우스 카이사르가 암살된 후 원로원은 그를 하늘로 승천한 신apotheosis으로 추앙했으며, 이에 그의 양아들 옥타비아누스 아우구스투스가 "신의 아들"로 불리게 되었습니다. 아우구스투스가 사망한 후에는 그 역시 신격화되었고, 그의 양아들 티베리우스는 "거룩한 아우구스투스의 아들"로 불렸습니다. 비록 로마 황제 숭배가 소아시아 지역과 같은 문화권에서만 활발했지만, 이 칭호는 황제의 거룩한 관계와 정치적 공헌을 인정하는 상징적 의미를 담고 있었습니다.

그러나 마태오 복음은 예수님이 그리스-로마 문화의 "신의 아들"과 질적으로 다르다는 점을 강조합니다. 이를 증명하기 위해 마태오는 베드로가 예수님을 "살아 계신 하느님의 아들"이라고 고백할 때, 하느님을 묘사하는 데 "살아 계신"이라는 표현을 사용합니다. 이는 하느님이 이교도의 신들과는 달리 세상을 창조하고 역사를 통치하시는 유일하고 참된 신임을 나타냅니다. 예수님은 이 참되고 살아 계신 하느님의 아들이기 때문에, 은유적이거나 정치적 의미의 "신의 아들"이 아닙니다. 그는 특별한 인간 이상의 존재로서, 참되고 살아 계신 하느님과 독특한 지위와 친밀한 관계를 맺고 있습니다. 이러한 관계는 예수님에게 하느님의 신비에 대한 전례 없는 접근을 가능하게 하고, 하느님의 뜻을 밝히는 권위를 부여합니다.

마태오는 "하느님의 아들"이라는 칭호를 신성모독으로 여길 유대인 독자들과 이를 은유적으로 이해하는 이방인 독자들 모두를 염두에 두고, 예수님이 살아 계신 하느님의 아들이라고 주장합니다. 마태오가 이처럼 신학적으로 도전적인 주장을 펼친 방식은 매우 독창적입니다. 무엇보다 그는 예수님의 신분을 하느님의 아들로 입증하기 위해 하느님의 직접적인 계시에 의존

합니다.

예수님이 처음으로 "하느님의 아들"로 불리게 된 것은 그가 태어나기 직전, 주님의 천사가 요셉에게 나타나 마리아가 성령으로 임신했음을 알리고 그녀와 결혼하도록 설득했을 때입니다. 마태오는 예수님의 거룩한 탄생을 강조하기 위해, 예수님이 태어나기 전까지 요셉과 마리아가 성관계를 맺지 않았다고 언급합니다. 또한, 예수님이 세례를 받고 물에서 올라오실 때, 하느님은 하늘이 열리며 그의 정체성을 확인하셨습니다. 하느님의 영이 비둘기처럼 예수님 위에 내려오고, 하늘에서 음성이 들려왔습니다.

> "이는 내 사랑하는 아들, 내 마음에 드는 아들이다." (마태 3:17)

이와 같은 선언은 예수님이 변모하신 모습으로 산에 오르셨을 때, 그와 함께 있던 세 명의 제자들에게도 반복되었습니다. 하늘에서 다시 한 번 선언이 들려왔습니다.

> "이는 내 사랑하는 아들, 내 마음에 드는 아들이니 너희는 그의 말을 들으라." (마태 17:5)

예수님의 주요 반대자들조차도 하느님의 아들이신 예수님의 정체성을 강화하는 역할을 했습니다. 예를 들어, 유혹의 이야기에서 마귀가 예수님께 반복적으로 던진 도전, 즉 "네가 하느님의 아들이라면 …"이라는 말은 예수님의 신분을 하느님의 아들로 인정하는 것을 무의식적으로 드러냅니다. 마귀는 예수님의 거룩한 지위를 인정하면서도, 그를 속여 합당하지 않은 행동을 하도록 유도하여 그 존엄한 칭호를 떨어뜨리려 했습니다.

예수님의 재판에서도 비슷한 아이러니가 나타납니다. 대사제는 예수님의 기적에서 드러난 거룩한 능력을 눈치챘을 가능성이 있지만, 이를 인정하려 하지 않았습니다. 오히려 예수님이 메시아이자 하느님의 아들이라고 시인하자마자 신성모독죄로 유죄 판결을 내렸습니다. 마지막으로, 예수님의 십자가 처형을 감독했던 로마 백인대장은 예수님의 죽음과 관련된 지진 및 자연 현상들에 겁을 먹고 이렇게 외쳤습니다. “이 사람이야말로 정말 하느님의 아들이었구나!”(마태 27:54)

그러나 무엇보다도 주목할 만한 것은 예수님이 갈릴래아 여러 도시에서 자신을 거부했던 사람들을 한탄하시던 고독한 순간에 드러난 자신에 대한 선언입니다. 예수님은 하늘 나라의 비밀을 지혜로운 사람들에게 숨기시고, 어린아이들에게 드러내신 하느님께 감사드린 후 이렇게 선언하셨습니다.

> “아버지께서는 모든 것을 저에게 맡겨주셨습니다. 아버지밖에는 아들을 아는 이가 없고, 아들과 또 그가 아버지를 계시하려고 택한 사람들밖에는 아버지를 아는 이가 없습니다.” (마태 11:27)

이 선언은 예수님이 하느님과 독특한 관계를 맺고 있으며, 자신을 하느님의 비밀을 독점적으로 알고 있는 하느님의 아들로 인식하셨음을 보여줍니다. 예수님을 통하지 않고는 아무도 하느님을 이해할 수 없으며, 오직 예수님이 선택한 사람들만이 그 계시를 받을 수 있습니다. 예수님을 하느님의 아들로 고백하는 것은 그분의 거룩한 지위, 하느님과의 친밀한 관계, 그리고 하느님의 뜻을 가장 잘 아는 권위를 존중하는 것을 의미합니다. 이는 그리스도교에서 하느님의 아들에 대한 이해와 유대교 및 이방종교의 이해 사이에 근본적인 차이가 있음을 나타냅니다.

하느님의 뜻을 가르치는 교사

마태오는 "메시아"와 "하느님의 아들"이라는 두 가지 칭호를 통해 예수님의 정체성에 대한 중요한 질문에 답하고 있습니다. 그러나 이러한 칭호는 초기 그리스도교 작가들 사이에서도 흔히 사용되었다는 점을 유념해야 합니다. 마태오는 자신의 공동체에 적절한 시기에 메시지를 전달하면서, 오늘날 그리스도인들에게도 여전히 중요한 예수님의 특별한 역할을 강조하고자 합니다. 그 역할은 바로 심오한 종말론적 의미를 지닌 하느님의 뜻을 가르치는 권위 있는 교사로서의 사명입니다. 이와 같은 그리스도론적 관점은 예수님이 무엇을 하셨는지에 대한 질문에 답하며, 동시에 마태오 복음의 목적에 대한 중요한 단서를 제공합니다.

예수님은 어떤 선생님이셨을까요? 마태오는 자료를 체계적으로 정리하고, 예수님을 특별한 방식으로 묘사함으로써 자신의 메시지를 전달합니다. 마태오는 예수님의 탄생과 유년 시절에 관한 이야기를 통해 예수님의 가르침의 역할을 강조합니다. 예를 들어, 헤로데 왕이 베들레헴에서 두 살 이하의 아이들을 학살했을 때, 예수님은 하느님의 보호 아래 부모님과 함께 이집트로 피신했다는 기록은 구약성서의 모세 이야기를 떠올리게 합니다. 파라오에 의해 학살당한 히브리 유아들, 파라오의 딸에 의해 구출된 아기 모세, 그리고 이집트를 떠나는 모세의 이야기를 연상케 하는 것입니다.

성인이 된 예수님은 세례를 받은 후 요단강 물에서 올라와 광야에서 40일 동안 마귀의 유혹을 견뎌냈습니다. 이러한 일화는 홍해를 건넌 이스라엘 백성과 사막에서 40년간 유혹을 이겨낸 모세의 이야기를 떠오르게 합니다. 또한, 마태오 복음 5장에서는 예수님이 산꼭대기에서 산상수훈을 가르치셨다고 기록되어 있는데, 이는 모세가 시나이산에서 십계명을 받은 사건을 연상시킵니다. 이처럼 마태오는 예수님이 새로운 모세이며, 하느님의 새로운 백성을 위한 구원자이자 율법을 전달할 분임을 강력하게 암시합니다.

예수님은 자신의 백성을 죄에서 구원하기 위해 하느님의 요구 사항을 알려주는 교사이자 랍비로서의 역할을 수행하셨습니다. 또한, 그는 십자가에 못 박힌 메시아로서 죽음을 통해 백성의 죄를 용서하시고 구속의 역할을 완수하셨습니다. 따라서 예수님의 사명은 하느님의 뜻을 드러내고, 하느님의 사랑을 나타내는 데 있었습니다.

마태오 복음은 예수님의 갈릴래아 사역을 세 가지 과업으로 요약합니다. 마태오는 "회당에서 가르치시고, 하늘 나라의 복음을 선포하시며, 백성 가운데 병자와 허약한 사람들을 모두 고쳐주셨다"라는 두 개의 요약 보고서를 통해 이를 설명합니다(마태 4:23, 9:35). 여기서 가르침은 예수님의 첫 번째 과업으로 나열되어 있습니다. 반면 마르코 복음에서는 "회당에서 전도하시며 마귀를 좇아내셨다"라는 두 가지 과업만 언급됩니다(마르 1:39). 마르코 복음은 예수님의 권위 있는 가르침에 군중들이 "놀라워했다"고 언급하면서도, 그의 가르침에 대해서는 기적에 비해 상대적으로 적게 다룹니다. 하지만 마태오는 하느님의 뜻을 가르치는 것이 예수님 사역의 우선순위라고 확신합니다. 예수님이 제자들과 많은 군중 앞에서 큰 권위를 가지고 산상수훈을 전한 것이 마태오 복음에서 예수님의 첫 번째 공개 행적으로 기록된 것은 이러한 확신을 보여주는 예라고 할 수 있습니다.

가장 주목할 만한 점은, 마태오가 예수님의 사역을 갈릴래아에서 예루살렘까지 구성하고 구조화하는 데 다섯 가지 가르침의 담화를 활용했다는 것입니다. 예수님을 가르침의 권위를 지닌 새로운 모세로 이해한다면, 예수님의 사역이 갈릴래아에서 산상수훈으로 시작해 예루살렘에서 최후의 심판에 관한 비유로 끝나는 구조를 가지고 있음을 알 수 있습니다. 그 사이에는 세 가지 주요 담화가 삽입되어 있습니다. 10장에서는 유대인 마을에 대한 선교 지침을, 13장에서는 하늘 나라의 비유를, 18장에서는 공동체 생활에 대한 조언을 담고 있습니다. 각 담화의 끝부분에서 마태오는 반복적으로 "예수께서 말씀이 끝나자…"라는 표현을 사용하며, 예수님이 병자를 고치거나 바리사이파 사람들과 논쟁하는 등의 다른 활동보다 가르치는 사역을 우선시하셨음을 강조합니다. 특히 마지막 담화가 끝나는 부분에서, 마태오는 "예수께서 이 말씀을 모두 마치시고…"(마태 26:1)라고 기록하며, 예수님께서 하느님의 뜻에 관한 가르침을 모두 마친 후에 예루살렘에서 희생적인 죽음을 맞이할 준비가 되셨음을 암시합니다. 이 다섯 가지 담화의 중요성을 고려하여 한 학자는 이를 그리스도교 교회의 "새로운 모세 오경(모세의 다섯 권의 책)"이라고 부르기도 했습니다.

예수님께서 교사로서 탁월한 역할을 수행하셨음을 감안할 때, 마태오 복음서가 부활하신 예수님이 제자들에게 "모든 민족을 제자로 삼으라"고 명령하시는 대사명Great Commission으로 끝난다는 점은 매우 자연스럽습니다(마태 28:19-20). 여기서 예수님은 제자들에게 아버지와 아들과 성령의 이름으로 세례를 베풀고, 그분이 명령하신 모든 것을 지키도록 가르치라고 말씀하십니다. 28장 20절에 등장하는 "모든 것"이라는 표현은 마태오 복음 26장 1-2절에서 "예수께서 이 말씀을 모두 마치시고…"라고 기록된 구절을 떠올리게 합니다.

마태오는 "모든 것"이라는 표현을 통해 복음서에 기록된 다섯 가지 가르침 전체를 언급하고 있는 것으로 보입니다. 예수님의 계명은 하느님의 백성에게 지극히 중요한 것이어서, 예수님께서 돌아가신 후에도 계속 가르치고 배우며 순종해야 하는 것입니다. 또한, 예수님의 가르침의 사명은 세상이 끝날 때까지 제자들에 의해 계승되어야 할 만큼 중대합니다. 마태오는 이러한 가르침의 연속성을 강조하며, 예수님의 사역이 단순히 과거에 머무는 것이 아니라 모든 세대를 통해 지속적으로 이어져야 함을 강력히 주장합니다.

율법을 현명하게 해석하시는 분

예수님이 어떤 분이시며 다른 인물들과 어떻게 상호작용하시는지에 관한 묘사는 예수님을 종교 교사로서 그리고자 한 마태오의 의도를 분명히 보여 줍니다. 특히, 네 가지 주목할 만한 방식으로 예수님은 율법의 지혜로운 해석자이자 하느님의 뜻을 가르치시는 최고의 스승으로 묘사됩니다.

첫째, 예수님은 산상수훈 초반에 "율법과 예언을 없애러 온 것이 아니라 완성하러 왔다"고 선언하며 자신의 사역의 기조를 설정하십니다. 그는 전통적인 교사들보다 더 높은 수준의 의로움을 가르치고 요구하시는데, 이는 옛 기준과 하늘 나라에서의 삶을 대조하는 일련의 말씀들에서 분명히 드러납니다. 예수님은 "너희는 들었다... 그러나 나는 이렇게 말한다"(마태 5:21-48)라는 방식으로 말씀하시며, 하느님의 뜻을 천국에 들어가는 데 필수적인 기준으로 제시합니다. 이에 무리들은 율법학자들과 비교할 수 없는 예수님의 가르침의 권위에 놀랐습니다. "예수께서 이 말씀을 마치시자 군중은 그의 가르침을 듣고 놀랐다."(마태 7:28)

둘째, 예수님은 자신의 제자가 될 열두 명을 선택하시며, 그들에게 "멍에를 메고 나에게서 배우라"(마태 11:29)고 부르십니다. 제자들은 이 부름에 응답하여 직업을 포기하고 가족을 떠나 예수님을 따릅니다. 그들은 예수님으로부터 율법에 대한 가르침을 배우고, 하늘 나라의 선포를 듣고, 그의 강력한 기적을 목격합니다. 또한 예수님은 그들에게 비유의 신비를 개인적으로 설명해 주시며, 바리사이파와 사두가이파의 영향력 있는 가르침에 대해 경고하십니다.

> "너희는 정신을 차리고 바리사이파 사람들과 사두가이파 사람들의 누룩을 조심하여라." (마태 16:6)

비록 제자들은 예수님이 체포되신 후 두려워 숨어 지냈지만, 이후 부활하신 예수님을 경배하기 위해 모였고, 예수님의 사역을 계속하도록 위임받았습니다.

셋째, 예수님은 율법을 가르치는 다른 저명한 교사들로부터 종교적 교사로 인정받으셨습니다. 비록 그들이 예수님의 행동을 비판하거나 그의 가르침에 동의하지 않았지만, 그의 반대자들은 일관되게 예수님을 "선생님"이라고 불렀습니다. 반면 제자들과 신자들은 예수님을 "주님"이라고 불렀습니다. 유일한 예외는 유다가 예수님을 배신하며 그를 유대 당국에 넘길 때 예수님을 '선생님'이라고 부른 것입니다. 이는 제자가 예수님을 따르던 자리에서 배신자로 변한 특이한 상황으로, 오히려 다른 제자들이 예수님을 '주님'이라고 부르는 일반적인 규칙을 더욱 부각시킵니다

예수님은 강력한 경쟁자로 여겨졌기에, 여러 집단의 교사들은 연합하여 세금, 부활, 가장 중요한 계명에 관한 논쟁적인 질문들로 예수님을 곤경에 빠뜨리려 했습니다. 그러나 예수님은 그들의 계략을 모두 간파하시고 반문으로 그들을 침묵하게 하셨습니다.

마지막으로, 예수님은 제자들을 위한 유일한 스승으로서 독점적인 권위를 주장하십니다. 마태오 복음에만 기록된 말씀에서, 예수님은 바리사이파 사람들의 오만함을 꾸짖으며 제자들에게 엄중히 말씀하십니다.

> "그러나 너희는 스승 소리를 듣지 마라. 너희의 스승은 오직 한 분뿐이고 너희는 모두 형제들이다. 또 이 세상 누구를 보고도 아버지라 부르지 마라. 너희의 아버지는 하늘에 계신 아버지 한 분뿐이시다. 또 너희는 지도자라는 말도 듣지 마라. 너희의 지도자는 그리스도 한 분뿐이시다." (마태 23:8-10)

예수님이 자신을 메시아로 언급하신 점을 고려할 때, 이 말씀은 역사적 예수님이 아니라 부활 이후 초기 교회 전통에서 유래했을 가능성도 있습니다. 마태오는 이 본문을 예수님이 자신의 추종자들에게 유일한 스승은 자신뿐이라고 선언하시는 것으로 해석합니다. 마태오는 유대인들이 사용하는 용어 "랍비"와 이방인들이 사용하는 용어 "교사"를 모두 언급하며, 궁극적인 권위를 가진 유일한 스승은 예수 그리스도임을 강조합니다. 이는 랍비, 아버지, 지도자와 같은 명예로운 칭호에 현혹되지 않도록 주의해야 함을 말합니다. 이 말씀은 두 가지 주요 목적을 가지고 사용되었을 가능성이 있습니다. 첫째, 마태오 복음 공동체 내의 그리스도교 지도자들에게 주는 경고로, 그들이 권위를 과시하거나 명예를 추구하지 않도록 경계합니다. 둘째, 회당 내의 바리사이파 사람들과 랍비들에 대한 비판의 메시지로, 그들의 오만한 태도와 가르침을 경계하기 위한 것이었을 수 있습니다.

왜 가르치는 역할이 중요한가?

마태오는 왜 예수님을 최고의 교사로 묘사했을까요? 마태오가 복음을 기록할 당시, 그는 교회의 주요 쟁점들을 염두에 두고 글을 썼다고 가정할 수 있습니다. 그렇다면 그 답은 그의 독자들이 속한 공동체의 사회적·역사적 맥락에서 찾아야 합니다. 마태오가 예수님의 교사로서의 역할을 교회가 직면한 문제와 연결시킨 이유를 보기 전에, 먼저 예수님의 교사로서의 네 가지 특징을 깊이 살펴볼 필요가 있습니다.

예수님은 당시의 유대인 랍비나 그리스-로마 철학자들과 달리, 떠돌이 교사로 활동하셨습니다. 그는 학교를 설립하거나 앉아서 가르치는 대신, 마을을 돌아다니며 사회적·경제적 지위와 상관없이 모든 이들에게 하느님의 나라를 선포하셨습니다. 12명의 제자를 부르셨지만, 고대 그리스-로마 교사들이 학비를 요구했던 것과는 달리, 그들에게 어떤 대가도 요구하지 않으셨습니다. 대신 그는 자신의 말을 듣고 받아들인 이들과 낯선 이들의 관대함에 의존하셨습니다. 이러한 순회 활동은 하느님의 나라를 전파하고자 하는 그의 열정과, 지치지 않고 모든 이들에게 하느님의 뜻을 가르치려는 헌신을 잘 보여줍니다.

예수님은 특히 이스라엘의 잃어버린 양들을 찾으려 하셨습니다. 그들을 하느님의 양 떼로 인도하여 새로운 삶을 살도록 돕고, 최후의 심판에서 영원한 축복을 받게 하려는 그의 사명은 매우 분명했습니다.

예수님의 가르침이 가진 권위는 그분의 교사로서의 비범함을 더욱 드러냅니다. 예수님은 자신의 새 계명을 모세 율법과 대조하셨으며, 이를 통해 가르침의 권위에 대한 담대한 주장을 하셨습니다. 이러한 권위는 무리들 사이에서도 분명히 드러났습니다. 사람들은 예수님의 권위가 자신들의 율법학자들을 능가한다고 느꼈습니다(마태 7:28). 이는 곧 가파르나움에서 백인대장의 종을 치유하시는 권위(마태 8:9), 중풍병자의 죄를 사하시는 권위(마태 9:6) 등으로도 입증됩니다. 예수님의 갈릴래아 사역은 이러한 비범한 권위로 특징지어집니다.

그러나 예수님께서 예루살렘에 도착하셨을 때, 그의 권위는 논쟁의 중심이 되었습니다. 대사제들과 장로들이 예수님께 "누구의 권위로 가르치고 치유하는가"라고 물었습니다(마태 21:23). 이에 대해 예수님은 두 아들의 비유, 악한 농부들의 비유, 혼인 잔치의 비유 등 논쟁적인 비유들로 응답하셨습니다. 이 비유들은 예수님이 하느님의 아들이심을 암시합니다(마태 21:37, 22:2). 이를 통해 예수님은 자신의 권위가 하느님의 아들이라는 그의 높은 지위에서 비롯됨을 드러내셨습니다.

부활하신 예수님은 마지막으로 다음과 같이 말씀하셨습니다.

> "나는 하늘과 땅의 모든 권한을 받았다. 그러므로 너희는 가서 이

세상 모든 사람들을 내 제자로 삼아 아버지와 아들과 성령의 이름으로 그들에게 세례를 베풀고 내가 너희에게 명한 모든 것을 지키도록 가르쳐라." (마태 28:18-20)

이 권위로 예수님은 제자들을 파견하셔서 모든 이들을 제자로 삼으십니다. 예수님은 가르치고 치유하는 권위로 군중들, 반대자들, 제자들 모두에게 깊은 인상을 남기셨습니다. 비록 모든 사람들이 이를 온전히 이해할 수는 없었지만, 마태오 복음의 독자들은 예수님의 메시아로서의 사명과 하느님의 아들로서의 정체성을 알고 있었기에 그분의 권위의 근원을 깨달을 수 있었습니다.

예수님의 세 번째 특성인 지혜는 복음서의 논쟁 이야기에서 가장 두드러지게 나타납니다. 예를 들어, 세례자 요한의 금욕적인 생활 방식과 세리 및 죄인들과의 우호적인 관계를 옹호하며 예수님은 다음과 같이 말씀하십니다.

"하느님의 지혜가 옳다는 것은 이미 나타난 결과로 알 수 있다."
(마태 11:19)

이 말씀을 통해 예수님은 자신을 유대 전통에서 지혜의 화신으로 여겨지는 인물, 특히 잠언서와 솔로몬의 지혜에 등장하는 인물들과 견주고 있습니다. 이들처럼 예수님도 과소평가를 받으셨지만, 그의 지혜는 이를 넘어서는 통찰을 보여줍니다.

예수님의 지혜는 "카이사르에게 세금을 바쳐야 하는가?"라는 교묘한 질문에 대한 답변에서도 뚜렷하게 드러납니다. 질문자들은 예수님께서 "아니오"라고 대답하면 로마 당국에게 반역자로 고발하고, "그렇다"라고 대답하면 그의 추종자들로부터 신뢰를 잃게 하려는 의도를 가지고 있었습니다. 그러나 예수님은 다음과 같이 대답하셨습니다. "카이사르의 것은 카이사르에게 돌리고 하느님의 것은 하느님께 돌려라."(마태 22:21) 이 대답은 로마 황제에게 세금을 내야 한다는 의무를 인정하면서도, 동시에 모든 것이 하느님께 속해 있음을 강조하여 정치적 위험을 피하면서도 종교적 가치를 지키는 지혜로운 응답이었습니다.

마지막으로, 마태오는 예수님의 의로움을 특히 전기 형식의 서술을 통해 보여줍니다. 예수님은 병자를 고치고 소외된 자들과 친구가 되셨으며, 이러한 행동은 팔복의 가르침과 약자를 축복하는 메시지, 그리고 "하느님은 희생보다 자비를 더 사랑하신다"는 가르침을 몸소 실천한 것이었습니다. 겟세마네 동산에서 예수님은 하느님과 밤새 씨름하며 자신의 운명을 받아들이기로 결심하십니다. 그는 자신을 배반하는 군중을 포함한 모든 사람을 위해 십자가에서 죽으라는 하느님의 계획에 기꺼이 순종하셨습니다.

> "아버지, 아버지께서는 하시고자만 하시면 무엇이든 다 하실 수 있으시니 이 잔을 저에게서 거두어주소서. 그러나 제 뜻대로 마시고 아버지의 뜻대로 하소서." (마태 26:39, 42)

예수님의 이러한 행동은 원수를 사랑하라는 가르침과 "너희는 먼저 하느님의 나라와 하느님께서 의롭게 여기시는 것을 구하여라"(마태 6:33)는 조언의 완벽한 본보기입니다. 예수님은 말로만 가르치신 것이 아니라, 행동으로도 그 가르침을 실천하신 존경받는 스승이셨습니다. 제자들은 그의 행동을 본받으며 그의 계명에 순종했습니다. 예수님은 가르치는 말과 삶 자체로 하느님의 뜻을 구현하는 완벽한 교사의 모범을 보여주셨습니다.

마태오는 왜 예수님을 떠돌아다니시는 분이면서도 권위 있고 지혜로우며 하느님의 뜻을 가르치시는 모범적인 교사로 묘사했을까요? 저는 마태오가 이러한 묘사를 선택한 이유가 교육적, 논쟁적, 사목적인 세 가지 주요 목적에 있다고 봅니다.

첫째, 교육적 목적입니다. 마태오가 그의 복음서를 전기 형식으로 썼다는 점에서, 그의 첫 번째 목적은 예수님에 대한 신앙을 가르치고 독자들을 합당한 제자로 양성하는 것이었습니다. 그는 예수님의 배경, 업적, 그리고 유산에 대한 중요한 정보를 제공함으로써, 예수님이 메시아로서 특별한 사명과 하느님의 아들로서 신적 정체성을 지니고 있음을 입증하고자 했습니다. 이를 통해 독자들이 예수님을 자신들의 구주로 받아들이고 믿게 하려는 의도를 엿볼 수 있습니다. 예수님은 하느님께서 보내신 분으로서 하늘 나라의 새로운 삶을 가르치셨으며, 십자가에서 죽으심으로써 사람들을 죄에서 구원하셨습니다. 마태오는 예수님이 어떻게 권위 있게 율법과 예언을 해석하셨는지, 병자를 치유하신 연민의 모습은 어떠했는지, 그리고 죄 없는 사람으로서 용기를 가지고 죽음을 맞이하셨는지를 보여줌으로써, 독자들에게 예수님을 본받도록 촉구했습니다. 또한, 예수께서 마귀의 유혹을 물리치고 끝까지 하느님께 순종하신 모습은 그들에게 신앙의 본보기가 되었습니다. 특히, 마태오는 예수님의 가르침을 다섯 개의 교육적 담화로 체계적으로 구성하여 독자들이 예수님의 제자가 되는 데 도움을 주고자 했습니다. 예수님을 권위 있는 교사로 묘사한 것은 이러한 교육적 목적을 강력히 뒷받침합니다.

둘째, 논쟁적 목적입니다. 마태오는 제1차 유대 전쟁 이후 안티오키아에서 복음서를 쓰면서, 바리사이파 랍비들이 유대 공동체 내에서 자신들의 권력을 강화하는 모습을 목격했습니다. 당시 예루살렘 성과 성전이 파괴되었고, 바리사이파가 유대 공동체의 지도자로 자리 잡았습니다. 그들은 토라 준수를 통해 유대인의 삶을 재건하려 했으나, 그리스도인들과 다른 집단들을 이단자로 정죄하고 회당에서 추방하려 했습니다. 이와 같은 상황에서 그리스도인들은 예수님을 메시아로 믿는 신앙을 변호하고, 왜 예수님을 하느님의 아들로 경배하는지를 회당 지도자들에게 설명해야 했습니다. 또한, 예수님이 바리사이파 사람들에게 고발당했던 것처럼, 그들도 랍비들로부터 유대 율법을 위반했다는 비난을 받았습니다. 교회와 회당이 고통스럽게 갈라서고 있는 이 시점에서, 마태오의 목표는 예수님의 메시아로서의 사명과 하느님의 아들로서의 정체성, 그리고 하느님의 뜻을 가르치는 스승으로서의 역할을 강조하는 것이었습니다. 이를 통해 독자들이 신앙을 굳건히 하고, 랍비들의 도전에 맞서 반박할 수 있도록 돕고자 했습니다. 마태오 복음서가 예수님을 바리사이파 사람들과 율법학자들보다 더 지혜로운 분으로 자주 묘사한 이유도 바로 여기에 있습니다. 이는 논쟁적 목적을 강화하는 데 크게 기여했습니다.

마지막으로, 마태오는 사목적 목적을 염두에 두고 복음서를 썼습니다. 마태오의 교회는 내부 갈등, 리더십 경쟁, 그리고 영적 위기에 시달렸을 가능성이 큽니다. 이러한 상황 속에서 그는 새로운 그리스도인들에게 서로 용서할 것을 자주 권고하며, 위선과 자기기만에 대해 엄중히 경고했습니다. 예수님의 말씀에서 이를 잘 보여주는 구절이 있습니다.

> "나더러 '주님, 주님!' 하고 부른다고 다 하늘 나라에 들어가는 것이 아니다. 하늘에 계신 내 아버지의 뜻을 실천하는 사람이라야 들어간다. 그날에는 많은 사람이 나를 보고 '주님, 주님! 우리가 주님의 이름으로 예언을 하고 주님의 이름으로 마귀를 쫓아내고 또 주님의 이름으로 많은 기적을 행하지 않았습니까?' 하고 말할 것이다. 그러나 그때에 나는 분명히 그들에게 '악한 일을 일삼는 자들아, 나에게서 물러가거라. 나는 너희를 도무지 알지 못한다.' 하고 말할 것이다." (마태 7:21-23)

마태오는 특히 다민족 공동체 내에서 약한 구성원들이 잘못된 길로 이끌릴 위험과, 지도자들이 하느님 앞에서 마지막 심판에 대해 안일한 태도를 가질 가능성을 우려했습니다. 이러한 위기를 예방하기 위해 그는 독자들이 예수님의 계명에 순종하며 충실한 제자가 될 수 있도록 예수님의 주요 가르침을 다섯 가지 강론으로 체계적으로 정리했습니다.

교회의 신앙과 생활의 틀 만들기

마태오는 예수님을 메시아, 하느님의 아들, 그리고 최고의 스승으로 부각시켜 독자들이 예수님을 죄로부터의 구원자로 믿고 따르도록 이끌고자 했습니다. 그는 독자들에게 바리사이파 랍비들의 압박에 저항하며 교회 지도자들 간의 갈등을 피하라는 메시지를 전달하려 했습니다. 이를 위해 독자들은 예수님을 주님으로 받아들이고 그의 말씀과 행적을 따르는 제자가 되어야 했습니다. 그렇다면 마태오가 묘사한 예수님의 모습은 얼마나 설득력이 있을까요? 그리고 그의 관점은 교회의 신앙과 삶을 어떻게 형성했을까요?

예수님은 메시아로서 병자를 치유하시고 악령을 쫓아내시며 하늘 나라의 도래를 보여주셨습니다. 고통받는 이들이 질병과 악한 세력의 속박에서 해방될 때, 하느님의 구원이 그의 사역을 통해 분명히 드러났습니다. 그의 메시아적 행적을 지켜본 제자들 중 일부는 예수님이 예루살렘으로 가실 때 정치적 해방도 이뤄주시기를 바랐던 듯합니다. 그러나 대중의 기대와는 달리, 예수님은 군사력을 통한 해방이 아니라 영적 변화를 통해 잃어버린 영혼들을 하느님 아버지께로 회복시키는 방식으로 세상을 구원하고자 하셨습니다. 그의 주된 사명은 자기 백성을 죄에서 구원하는 데 있었습니다. 이 영적 변화는 죄로부터의 해방과 하느님과의 화해로 시작되었으며, 이를 통해 세상은 구원을 받을 수 있었습니다.

베드로가 예수님을 메시아로 고백하자, 예수님은 제자들에게 자신이 예루살렘에서 고난을 받고 십자가에 못 박혀 죽을 것이라고 말씀하셨습니다. 이는 사람들의 죄가 용서받을 수 있도록 하시기 위함이었습니다. 예수님이 보여주신 치유와 구속의 행적은 하느님의 능력과 사랑을 생생하게 드러내며, 예언자들의 약속을 성취하고 하느님의 신실하심을 증거했습니다. 이를 통해 독자들은 하느님이 그들을 사랑하시며 죄에서 구원하기 위해 가까이 오신 하늘 아버지임을 깨달을 수 있었습니다.

예수님은 하느님의 아들로서 하느님의 신비와 계획에 대한 독점적 지식을 가지셨습니다. 그는 수고하고 무거운 짐을 진 이들을 초대하며 자신에게 와서 배우면 영혼의 쉼을 얻을 것이라고 약속하셨습니다. 동시에 그는 제자들이 영적, 도덕적으로 안주하지 않도록 최후의 심판에 대해 경고하시며, 하느님께서 세상을 심판하실 공의로운 기준을 선포하셨습니다. 이를 통해 하느님은 공의로우시면서도 관대하신 분임을 계시하셨습니다. 최후의 심판 날, 하느님은 의인과 악인을 구분하시어 각자의 삶에 따라 상벌을 내리실 것입니다. 비록 그 날이 지연되는 것처럼 보일지라도, 하느님의 공의는 반드시 이루어질 것입니다. 그러나 하느님은 자비로우시기에 모든 사람이 회개하고 영원한 축복을 누리기를 바라십니다. 이를 위해 아들을 보내시어 회개를 촉구하고 삶의 올바른 길을 가르치게 하셨습니다.

하느님의 공의로우심과 관대하심은 악한 농부들의 비유에서 가장 분명하게 드러납니다. 이 비유는 한 농장 주인이 포도원을 심고 이를 농부들에게 임대하는 이야기로 시작됩니다. 농부들이 소작료 지불을 거부하자, 주인은 그들을 설득하기 위해 종들을 보내지만, 종들은 잔인하게 매를 맞거나 살해당합니다. 그럼에도 주인은 농부들에게 의로운 행동을 하고 빚을 갚을 기회를 거듭 제공합니다. 마침내, 농부들이 자신의 아들은 존중하며 빚을 갚으리라는 희망을 품고 위험을 무릅쓰고 아들을 보냅니다. 그러나 아들마저 죽임을 당하고 나서야 주인은 공의를 실현할 것을 요구합니다. 예수께서는 이렇게 말씀하십니다.

> "잘 들어라. 너희는 하느님의 나라를 빼앗길 것이며 도조를 잘 내는 백성들이 그 나라를 차지할 것이다." (마태 21:43)

이 비유를 통해 하느님의 공의와 관대하심이 함께 드러납니다. 예수님은 하느님의 아들로서 이러한 하느님의 본성을 몸소 보여주시며, 그의 백성들이 하늘에 계신 아버지께서 완전하신 것처럼 완전해질 것을 촉구하십니다.

예수님은 스승으로서 열두 제자를 택하시고 그들을 따르게 하셨습니다. 제자들은 병자를 치유하시는 예수님의 자비와 멸시받는 이들을 향한 사랑, 그리고 십자가에서의 고난과 죽음마저도 기꺼이 감내하며 하느님께 순종하려는 그분의 결단을 목격했습니다. 예수님은 하느님을 사랑하고 섬기는 방법을 직접 보여주셨으며, 제자들에게 감동적인 본보기가 되셨습니다. 제자들은 예수님께 비유의 신비에 대한 통찰을 배우고, 도시와 마을로 나가 하늘나라의 복음을 전파하라는 사명을 받았습니다. 이 과정에서 예수님은 제자들을 신실한 제자로 훈련시키는 데 온 마음을 다하셨습니다. 그들이 그의 능력을 믿는 데 더딜 때, 예수님은 "믿음이 작은 자들아!"라고 꾸짖으셨고, 그의 가르침을 이해하지 못할 때는 "너희도 아직 깨닫지 못하느냐?"라고 질문하셨습니다. 또한 바리사이파 사람들의 위선을 꾸짖으실 때, 이를 교훈의 기회로 삼아 제자들에게 그러한 행실을 경계하라고 훈계하셨습니다. 예수님은 제자들에게 언제나 사려 깊고 동행하는 스승이셨습니다. 그는 제자들에게 "모든 민족을 제자 삼으라"는 사명을 맡기며, 자신이 항상 그들과 함께할 것을 약속하셨습니다. 마태오의 독자들은 예수님의 삶과 가르침을 본받고 그의 계명을 지킴으로써 하느님의 자녀로서 무엇을 믿고 어떻게 행동해야 하는지를 배울 수 있었습니다.

메시아, 아들, 그리고 스승

우리는 마태오가 예수님을 메시아, 하느님의 아들, 그리고 최고의 스승으로 제시하여 독자들이 신실한 제자가 되도록 영감을 주고자 했음을 살펴보았습니다. 1세기 말, 이러한 세 가지 기독론적 묘사는 안티오키아 교회가 랍비들의 도전과 내부 갈등의 위기를 극복하는 데 중요한 역할을 했습니다. 또한, 2세기에는 교부들이 그리스도교 신앙을 정의하고 유대인 반대자들과의 논쟁에서 변증적 자료로 활용되었습니다. 예를 들어, 순교자 유스티누스은 그의 저서 트리포와의 대화에서 당시 랍비들이 사자들을 여러 지역에 보내어 예수님을 "갈릴래아의 기만자"라 비난하고, 그가 "불경하고 무법한 이단"을 가르쳤다고 고발한 사실을 언급했습니다. 이에 유스티누스는 그리스도인들을 예수님을 "그리스도이자 하느님으로부터 오신 스승이며 하느님의 아들"로 믿고, 죽음에서 부활하신 분으로 고백하는 사람들로 묘사했습니다. 그는 또한 그리스도인들이 자신들에 대한 편견을 가진 랍비들을 미워하지 않고, 오히려 그들이 회개하여 하느님의 자비를 얻기를 기도한다고 주장했습니다. 메시아, 하느님의 아들, 스승이라는 세 가지 칭호는 그리스도교 신앙의 핵심 토대가 되었으며, 랍비들의 거짓 고발을 반박하는 데 사용되었습니다. 메시아와 하느님의 아들로서, 예수님의 사명과 정체성은 거룩합니다. 스승으로서, 예수님의 가르침은 의로우며, 율법과 예언 속에 담긴 하느님의 뜻을 명확히 밝혀 드러냅니다.

특히 동방 정교회의 신학과 성화는 권위와 지혜, 그리고 종말론적 열정을 지닌 하느님 뜻의 최고 교사로서의 예수님의 이미지를 강조합니다. 동방 정교회는 예수님을 "스승이자 만물의 주관자(판토크라토르)"로 예배하며, 이러한 이미지는 예수님께서 우리에게 하느님의 은혜에 합당하고 최후의 심판을 준비하는 삶을 어떻게 살아야 하는지를 가르치셨음을 상기시킵니다. 동시에, 보좌에 앉으신 왕이신 예수님에 의해 세상이 심판받을 것임을 일깨워

줍니다.

메시아이신 예수님의 구속적 죽음을 통해 우리의 죄는 용서받았습니다. 하느님의 아들이신 예수님의 은혜로 우리는 하느님의 자녀가 되었습니다. 따라서 우리가 해야 할 일은 스승이신 예수님께서 말씀과 행동으로 가르치신 대로 우리의 삶을 살아가는 것입니다. 하지만 우리의 경험은 종종 하느님의 자녀라는 특권적 지위를 잊어버리게 하고, 그리스도의 피로 값비싸게 치러진 하느님의 은혜를 값싼 은혜로 전락시키는 경향이 있음을 보여줍니다. 우리의 삶은 하느님의 기준에 미치지 못하며, 이는 우리에게 매일매일 제자로서의 헌신이 얼마나 절실히 필요한지를 일깨워줍니다. 디트리히 본회퍼의 권면을 기억하며, 우리는 예수님의 신실한 제자로서 제자도의 대가를 기꺼이 치르고 삶을 다시 헌신해야 할 것입니다.

생각해 볼 문제 - 제2장: 예수, 하느님의 아들

'예수님은 누구신가?' 이를 설정하는 것으로 마태오 복음 읽기가 시작됩니다. 당신은 예수님이 어떤 분이셨다고, 혹은 어떤 분이시라고 생각합니까? 질문에 답하기 전에 이를 적어보고, 어떻게 그런 생각을 하게 되었는지도 이야기해 봅시다.

마태오 복음 1:1-2:23

- 마태오 복음에 나오는 예수님의 족보는 루가 복음과 차이를 보입니다. 이 족보의 목적은 무엇일까요?
- 마태오 복음은 왜 예수님의 흠 없는 신분을 그렇게도 세심하게 기록했을까요? 마태오 복음의 주 독자인 유대인들에게 다윗, 아브라함과의 관계는 어떤 의미를 가졌을까요?
- 마태오 복음에 따르면 예수님의 탄생은 어떤 의미를 지니고 있을까요? 동방박사들의 방문은 어떤 점에서 가장 중요한 사건으로 여겨질까요?
- 하느님께서 인류 역사 속에서 능동적이고 의도적으로 활동하신다는 것은 우리에게 무엇을 의미합니까?
- "그의 백성을 그들의 죄에서 구원하신다"는 것은 어떤 의미입니까? 그의 백성이란 누구를 가리킬까요? 예수님을 어떤 의미에서 구세주로 이해하고 계십니까?
- 별이 동방박사들을 인도했듯이, 당신을 예수님께로 인도하는 것은 무엇입니까? 당신은 예수님께 어떤 선물을 드리고 싶으십니까? 그 선물은 무엇을 상징합니까?

마태오 복음 11:1-15, 16:13-20, 21:1-11, 23-27, 27:32-37, 시편 110편

- 11장 3절에서 세례자 요한은 가장 중요한 질문을 던집니다. "예수님이 메시아이십니까?"이에 대한 예수님의 대답을 여러분의 말로 다시 표현해 봅시다. 왜 요한은 예수님의 대답을 긍정적으로 받아들였을까요?
- 메시아의 자격 요건은 무엇입니까?

- 예수님은 자신의 진정성을 사람들에게 확신시키기 위해 무엇을 강조하셨습니까?
- 베드로의 고백은 예수님의 정체성을 어떻게 명확히 했습니까? 당신은 같은 질문에 어떻게 대답하시겠습니까?
- 그리스도를 공개적으로 선포할 때, 어떤 감정을 느끼십니까?
- 저자는 예수님을 통하지 않고는 누구도 하느님을 이해할 수 없으며, 하느님이 선택하신 사람만이 계시를 받을 수 있다고 말합니다. 이에 동의하시나요? 그렇지 않다면 그 이유는 무엇입니까?

출애굽기 1:1-2:25, 19:1-20:21

- 모세는 하느님의 뜻을 드러내고 하느님의 사랑을 나타내기 위해 어떤 역할을 했습니까? 이것이 예수님과 어떻게 연결됩니까?
- 마태오가 예수님의 말씀 사역을 중요하게 다루고 있는 이유는 무엇인가요?
- 오늘날의 교회는 어떻게 예수님께서 하신 것처럼 하느님의 뜻을 전하고 있습니까?
- 당신이 생각하는 가르치는 사람의 중요한 자질은 무엇인가요?
- 가르침에는 권위가 필요하다고 생각하시나요? 그 이유는 무엇입니까? 오늘날 가르치는 이들은 어디에서 권위를 얻고 있습니까?
- 지혜와 지식은 어떻게 다른가요?
- 저자는 마태오가 세 가지 목적, 즉 교훈적, 논쟁적, 사목적 목적을 위해 많은 곳을 다니며 권위있고 지혜로운, 모범적인 교사인 예수님을 묘사하고 있다고 말합니다. 당신은 어떤 목적이 가장 중요하다고 생각합니까?

제3장

예수님의 가르침

우리 사회에서 전문 지식은 권력과 번영을 가져다주는 중요한 자산으로 여겨집니다. 젊은이들은 이러한 이유로 의사, 변호사, 과학자와 같은 전문가가 되기 위해 열심히 공부합니다. 우리는 또한 육체적, 영적 건강을 유지하기 위해 전문 지식을 소중히 여기며, 위기에 처했을 때 트레이너, 심리학자, 성직자와 같은 전문가들에게 도움을 구합니다. 이처럼 전문성과 전문 지식을 갖춘 교사들은 사회적으로 높은 존경을 받습니다.

예수님 시대에도 사람들은 성공과 행복을 추구하며 철학자나 종교 지도자들에게 조언을 구하곤 했습니다. 당시 그리스인들과 로마인들은 스토아 학파, 에피쿠로스 학파, 견유 학파 등에서 삶의 의미를 탐구했고, 유대인들 사이에서는 바리사이파, 사두가이파, 에세네파, 세례 요한의 추종자들이 스승으로 여겨졌습니다. 이들은 모두 체계적인 철학과 실천 방법을 통해 삶의 방향성을 제시하며 많은 추종자를 이끌었습니다. 예수님 역시 당대의 전문적인 스승 중 한 분이셨습니다. 그의 제자들은 가족과 생계를 뒤로하고 예수님을 따랐으며, 이는 그분의 카리스마와 지혜가 얼마나 뛰어났는지를 보여줍니다. 앞선 장들에서 우리는 메시아이자 하느님의 아들로서 예수님의 비범함에 대해 살펴보았습니다. 이번에는 그분의 가르침이 얼마나 탁월했는지에 대해 알아보겠습니다.

예수님의 가르침은 산상수훈에서 분명히 드러납니다. 그는 "잘 들어라. 너희가 율법학자들이나 바리사이파 사람들보다 더 옳게 살지 못한다면 결코 하늘 나라에 들어가지 못할 것이다"(마태 5:20)라고 선언하며, 하느님 나라에 들어가기 위해서는 의로움이 필수적임을 강조하셨습니다. 또한 "너희는 먼저 하느님의 나라와 하느님께서 의롭게 여기시는 것을 구하여라. 그러면 이 모든 것도 곁들여 받게 될 것이다"(마태 6:33)라고 말씀하시며, 하느님을 신뢰하고 하느님의 뜻을 최우선으로 삼으라고 권고하셨습니다. 예수님의 메시지는 하느님 나라를 중심으로 하며, 그의 가르침은 '의'$_{\text{righteousness}}$라는 핵심 개념으로 요약될 수 있습니다. 이 '의'는 하느님 나라에 들어가는 입장권이자, 우리가 추구해야 할 과제이며, 최종적인 목표입니다.

그러나 예수님이 의 또는 정의$_{\text{justice}}$에 대해 말씀하신 최초의 교사는 아니었습니다. 사실 이 개념은 구약성서에 500회 이상 등장하며, 하느님의 거룩한 성품을 묘사하거나 올바른 관계와 행위를 나타낼 때 사용되었습니다. 예컨대 시편에서는 "야훼여, 당신은 공정하시며 당신의 결정은 언제나 옳사옵니다"(시편 119:137)라고 하느님의 거룩함을 노래하고, 사무엘상에서는 "네가 나보다 낫구나. 나는 너를 못살게 굴었는데도 너는 나에게 이렇게 잘해 주었다"(사무상 24:18)라며 올바른 관계를 강조합니다. 신명기에서는 "너희는 마땅히 정의만을 찾아라. 그리하여야 너희는 살아서 너희 하느님 야훼께서 주시는 땅을 차지할 것이다"(신명 16:20)라고 하며 올바른 행위를 촉구합니다.

예수님은 하느님의 아들로서 그의 인격 속에 이러한 의로움을 완전히 체현하셨습니다. 세례를 받으실 때 예수님은 하느님과의 올바른 관계를 실천하셨으며, 추종자들에게도 율법과 예언자들의 본래 의도를 따라 올바르게 행동하라고 가르치셨습니다. 이러한 맥락에서 신약학자 린더 켁$_{\text{Leander Keck}}$은 마태오 복음에서의 예수님을 '의로운 교사'라고 부릅니다.

마태오 복음에서 예수님은 다섯 가지 주요 설교를 전하십니다. 이 설교들은 산상수훈(5-7장), 유대인을 향한 선교(10장), 천국의 신비(13장), 교회 질서의 보존(18장), 그리고 최후의 심판을 위한 준비(24-25장)로 구성되어 있습니다. 예수님의 이러한 가르침은 하늘 나라에 대한 중심 사상을 담고 있으며, 종교 교사로서의 지혜와 권위를 보여주는 대표적인 예로 평가됩니다. 이를 통해 예수님은 종교 지도자들을 놀라게 했으며, 하느님의 뜻을 가르치는 교사로서의 명성을 얻게 되셨습니다.

예수님의 다섯 가지 설교는 그분의 신학적 신념과 세계관, 도덕적 비전을 집약한 것으로, 이를 통해 우리는 예수님이 천국의 의를 어떻게 정의하셨는지, 그리고 추종자들에게 최후의 심판을 어떻게 준비하라고 가르치셨는지에 대해 배울 수 있습니다. 이 가르침들은 그리스도교 윤리의 기본 원칙을 형성했을 뿐만 아니라 서양 문명의 사회적 기준에도 깊은 영향을 미쳤습니다. 비록 학자들 사이에서는 이러한 가르침을 현대적으로 어떻게 적용할지에 대해 다양한 논쟁이 있지만, 예수님의 사상이 신자들의 삶과 교회의 선교, 그리고 사회적 가치관에 미친 영향은 분명하고도 깊습니다.

이 글에서는 예수님의 모든 가르침을 다룰 수 없으므로, 천국과 의에 대한 관점을 엿볼 수 있는 몇 가지 중요한 말씀과 논쟁의 여지가 있는 구절만 살펴보고자 합니다. 우리의 목적은 예수님께서 어떤 메시지를 전하려 하셨는지를 이해하는 한편, 마태오와 후대의 해석자들이 이를 자신들의 시대에 어떻게 적용했는지를 살펴보는 데 있습니다. 또한 서로 다른 해석들에 대한 간단한 비판적 성찰을 통해 예수님의 도전적인 가르침을 오늘날 우리의 삶에 적절히 적용할 수 있는 방안을 모색하고자 합니다.

산상수훈

산상수훈은 하늘 나라에서 요구되는 태도와 행위에 대한 예수님의 주요 가르침을 집대성한 말씀입니다. 학자 한스 디터 베츠는 이 설교를 예수님의 사상을 담은 '정수(精髓)'라고 표현합니다. 이는 산상수훈이 제자들이 내면화하고 깊이 숙고해야 할 예수님의 핵심 사상들을 담고 있기 때문입니다.

이 가르침들은 문자 그대로 지켜야 할 법이라기보다는, 새로운 상황 속에서 제자들의 삶을 이끄는 원칙으로 이해해야 합니다. 산상수훈은 거룩함, 인간 본성, 그리고 도덕적 비전에 대한 예수님의 깊은 통찰을 보여주며, 이를 통해 하늘 나라의 이상적인 모습을 제시합니다. 이러한 이유로 산상수훈은 종종 "하늘 나라의 대헌장(마그나 카르타)"이라고 불려왔습니다.

마음이 가난한 사람은 행복하다 (마태 5:3-12)

예수님은 팔복 선언으로 설교를 시작하시며, 도움이 필요한 자들과 덕 있는 자들에게 하느님의 복을 선포하십니다. 문학적 형식으로 볼 때, 팔복 선언은 두 부분으로 구성됩니다. 첫 번째 부분인 "마음이 가난한 자는 복이 있나니"는 복을 받을 인간의 성품이나 행동을 설명하고, 두 번째 부분인 "하늘 나라가 그들의 것이다"는 현재나 미래의 거룩한 보상을 약속합니다. 이러한 형식은 지혜문학에서 자주 사용되며, 그 대표적인 예를 시편에서 볼 수 있습니다.

> "복되어라. 악을 꾸미는 자리에 가지 아니하고 죄인들의 길을 거닐지 아니하며 조소하는 자들과 어울리지 아니하고, 야훼께서 주신 법을 낙으로 삼아 밤낮으로 그 법을 되새기는 사람. 그에게 안 될 일이 무엇이랴! 냇가에 심어진 나무 같아서 그 잎사귀가 시들지 아니하고 제 철 따라 열매 맺으리." (시편 1:1-3)

유대인 현자들은 복 선언의 형식을 가르침에 활용하며 주로 첫 번째 부분을 강조했습니다. 그들은 젊은이들에게 올바르게 생각하고 행동할 것을 촉구하여 삶에서 성공과 행복을 이루도록 권면했습니다. 반면, 제2성전 시대의 묵시문학에서는 복 선언의 후반부를 강조하는 경향이 있었습니다. 예를 들어 (외경인) 에녹1서에서는 다음과 같이 말합니다.

> "의로운 자들과 선택받은 자들이여, 너희는 복이 있다. 영광이 너희의 몫이다." (1에녹 58:2)

묵시문학의 저자들은 신앙을 위해 고난을 견디는 독자들에게 하느님의 은혜로 보상이 주어진다는 확신을 심어 주며 소망을 불어넣고자 했습니다.

"하늘 나라가 다가왔다"(마태 3:2)는 예수님의 묵시적 메시지를 고려할 때, 팔복 선언은 그의 추종자들에게 하느님의 은총을 확신시키려는 의도로 해석될 가능성이 높습니다. 거룩한 보상은 덕 있는 자들과 곤궁한 자들 모두에게 주어지며, 예수님의 초점은 인간의 공로가 아닌 하느님의 약속에 있었습니다. 따라서 팔복 선언은 위로의 말씀으로 이해될 수 있습니다.

마태오는 예수님 안에서 은혜의 새로운 시대가 시작되었다고 믿었지만, 팔복 선언을 산상수훈에 배치하며 이를 단순한 위로를 넘어 윤리적 가르침과 권면의 규칙으로 제시했습니다. 그는 유대인 현자들처럼 독자들 안에 새로운 인격과 행동을 함양하여 예수님의 제자로 삼고자 했습니다.

교회의 역사에서 팔복 선언은 묵시적 해석과 지혜적 해석 모두로 읽혔습니다. 초기 교회에서는 주로 마태오의 교훈적 해석을 따라 팔복 선언을 신자들이 실천해야 할 덕목들의 목록으로 이해했습니다. 4세기의 신학자 요한 크리소스톰은 팔복 선언을 "그분의 새로운 정치체제의 기초"라고 부르며, 모든 그리스도인이 순종해야 할 새로운 법으로 보았습니다. 그는 특히 첫 번째 선언인 "마음이 가난한 자"가 단순한 겸손을 넘어 참회와 죄의 고백을 통해 하느님과 화해하고 새로운 삶을 시작하는 첫걸음을 의미한다고 해석했습니다.

히포의 아우구스티누스는 그의 설교 중 하나에서 후대의 해석에 지대한 영향을 미친 독창적인 해석을 제시했습니다. 그는 우선 아홉 번째 행복 선언("나 때문에 모욕을 당하고 박해를 받으며 터무니없는 말로 갖은 비난을 다 받게 되면 너희는 행복하다.", 마태 5:11)을 여덟 번째 행복 선언("옳은 일을 하다가 박해를 받는 사람은 행복하다.", 마태 5:10)의 실제적인 적용으로 간주했습니다. 아우구스티누스는 더 나아가 첫 번째 행복 선언과 여덟 번째 행복 선언이 동일한 보상, 즉 "하늘 나라가 그들의 것이다"라는 점에서 서로 반복된다고 지적했습니다.

그는 본질적으로 일곱 개의 행복 선언이 있으며, 이 선언이 인간 영혼이 회개에서 완전함에 이르는 일곱 단계의 영적 여정이라고 주장했습니다. 이 여정에서 영혼은 첫 번째 단계인 겸손에서 시작해 자신의 죄성을 깨닫고 최고선을 잃어버린 것에 대해 깊은 슬픔을 느끼게 됩니다. 이어지는 네 번째 단계에서는 영혼이 의에 대한 갈망과 목마름을 통해 자비로운 성품을 갖추고, 마음의 순결에 이르게 됩니다. 마침내 일곱 번째 단계에서는 지혜를 얻게 되며, 이는 "온전한 사람에게 평화를 가져다주고 하느님과의 유사성을 이루게 한다"고 설명했습니다.

또한, 아우구스티누스는 이 일곱 가지 행복 선언을 이사야의 예언에 나오는 성령의 일곱 가지 은사와 비교하며, 이 은사들이 역순으로 평행 관계를 이룬다고 보았습니다. 이사야서는 이렇게 기록합니다.

> "이새의 그루터기에서 햇순이 나오고 그 뿌리에서 새싹이 돋아난다. 야훼의 영이 그 위에 내린다. 지혜와 슬기를 주는 영, 경륜과 용

기를 주는 영, 야훼를 알게 하고 그를 두려워하게 하는 영이 내린다." (이사 11:1-2)

하느님을 경외하는 것으로 영적 여정을 시작한다면, 이어서 하느님을 아는 지식을 얻고, 하느님의 능력을 의지하며, 하느님의 조언을 따르게 될 것입니다. 이후 하느님의 뜻을 이해하고, 하느님의 계획에 대한 지혜를 깨달으며, 마침내 하느님 안에서 영원한 안식을 누리게 됩니다. 이사야서의 이 구절이 그리스도교 전통에서 메시아의 말씀으로 간주되기 때문에, 아우구스티누스가 이를 그리스도인의 삶과 밀접하게 연관지은 것은 우연이 아닙니다.

아우구스티누스의 해석은 가톨릭 전통의 영성 형성에 깊은 영향을 미쳤습니다. 예를 들어, 12세기의 성 빅토르의 휴고는 이러한 해석을 기반으로 또 다른 일곱 단계의 패턴을 발견했습니다. 그는 주님의 기도에 나오는 일곱 가지 간구가 행복 선언과 성령의 일곱 가지 은사를 강화하며, 인간의 영혼이 하느님 앞에서 완전함에 이르도록 돕는 일곱 단계의 영적 훈련을 제시한다고 결론지었습니다. 이러한 단계들은 이후 인간 영혼을 타락시키는 일곱 가지 대죄, 즉 분노, 탐욕, 나태, 교만, 음욕, 시기, 탐식을 치유하기 위한 성경적 처방전으로 자리 잡았습니다.

아우구스티누스파 수도사였던 마르틴 루터 또한 행복 선언을 성령의 일곱 가지 은사와 연관지은 아우구스티누스의 관점에 영향을 받았습니다. 그러나 개혁자로서 루터는 구원과 영적 삶 모두에 하느님의 은혜가 필수적이라고 확신했습니다. 그는 행복 선언을 은혜로 주어진 복음으로 이해하면서도, 동시에 자비롭고 겸손하며 '마음이 가난한 자'가 되라는 계명으로 보았습니다. 루터에게 행복 선언은 하느님의 은혜의 복음이자, 순종해야 할 새로운 법이었습니다. 하지만 그리스도인은 거룩한 세계와 세속적인 세계라는 두 왕국에서 살아가기 때문에, 그는 세속적인 세계에서는 시민법을 따름으로써 평화와 질서를 유지해야 한다고 주장했습니다.

행복 선언은 많은 그리스도인들에게 가장 사랑받는 성경 구절 중 하나입니다. 그렇다면 우리는 이를 어떻게 이해해야 할까요? 예수님, 마태오, 그리고 다양한 해석자들에게 배우며, 우리는 행복 선언을 하느님의 값없는 선물이자 영적 훈련의 규칙으로 동시에 간주할 수 있습니다. 행복 선언을 하느님의 은혜로운 축복으로 읽는 것은 우리로 하여금 그리스도 안에서 가능해진 하느님의 축복을 믿음으로 받아들이게 합니다. 또한, 이를 완전함을 향한 단계로 읽는 것은 그리스도인이 세상의 빛과 소금으로 섬기며 변화된 삶을 살아가야 한다는 점을 일깨워 줍니다.

보복하지 말고, 원수를 사랑하라 (마태 5:38-48)

행복 선언을 설교하신 후, 예수님은 율법과 예언을 폐지하러 온 것이 아니라 완성하러 왔다고 선언하십니다. 하늘 나라에 들어가고자 하는 사람은 바리사이파 사람들보다 더 큰 의로움을 보여야 합니다. 이를 설명하기 위해 예수님은 여섯 가지 대조적 진술을 사용하여, 하느님이 율법에서 의도하셨으나 인간 공동체가 왜곡시킨 더 높은 기준을 제시하십니다. 이 새로운 계명들은 인간의 마음(분노와 정욕), 대인 관계(결혼과 맹세), 그리고 공동체 생활(악한 자와 원수들)을 다룹니다.

예수님은 살인을 피하기 위해 화내지 말라고 명하시고, 간음을 예방하기 위해 음욕을 억제하라고 요구하십니다. 결혼을 보호하려면 불충실을 피해야 하며, 신뢰할 만한 사람이 되기 위해 맹세를 삼가야 합니다. 폭력의 순환을 끝내기 위해 복수를 포기해야 하며, 마지막으로 선으로 악을 이기기 위해 원수를 사랑하라고 말씀하십니다. 이 계명들을 통해 예수님은 인간의 마음과 관계, 그리고 공동체 생활에 매우 높은 기준을 설정하십니다.

일부는 예수님이 랍비들이 할라카(유대인의 삶의 규칙과 관행)를 선포할 때처럼 율법 주위에 울타리를 쌓고 있다고 생각할 수 있습니다. 사람들이 예수님의 엄격한 계명들을 지키려고 노력하면, 비록 첫 시도에서 실패하더라도 율법을 위반하는 것으로부터 보호받을 수 있을 것입니다. 그러나 예수님은 그의 계명들을 어기는 것이 신적 처벌을 초래할 것이라고 강조하시며, 하느님이 원래 의도하신 대로 율법과 예언을 완성하는 하늘 나라의 더 높은 요구를 선포하십니다.

많은 사람들은 예수님의 계명 중 가장 지키기 어려운 것이 마지막 두 계명이라는 데 동의합니다. 바로 "악한 자에게 앙갚음하지 말라"와 "원수를 사랑하라"(마태 5:39, 44)는 것입니다. 유대인의 동해보복법$_{\text{lex talionis}}$인 "눈에는 눈, 이에는 이"는 정의로운 법으로, 비례의 원칙을 지지하며 세 가지 목적을 가집니다. 이는 범죄를 억제하고, 과도한 복수를 막으며, 피의 복수를 방지하는 것입니다. 그런데 왜 예수님은 피해자들에게 이보다 더 많은 것을 요구하실까요?

예수님은 피해자들에게 박해하는 자들로부터 받을 수 있는 정당한 법적 보상의 권리마저 포기하라고 명하십니다. 이는 공평해 보이지 않을 뿐 아니라, 다른 뺨을 돌려 대거나 겉옷까지 내어주는 것과 같은 극단적 요구를 포함합니다. 억지로 오리를 가자고 하는 사람과 십리를 동행하라는 명령이나, 구하는 자에게 주라는 요구는 범죄자들을 용인하거나 공격적 행동을 부추길 수도 있는 위험을 감수하게 합니다.

그러나 이러한 계명은 예수님의 깊은 확신, 즉 선으로 악을 이겨내야 한다는 믿음을 보여줍니다. 예수님은 폭력이 더 큰 폭력을 낳는다는 사실을 아셨고, 제자들에게 복수를 공의로우신 하느님께 맡기라고 권고하셨습니다.

"원수를 사랑하라"는 예수님의 계명은 고귀하게 들리지만, 동시에 많은 질문을 불러일으킵니다. 자신을 사랑하는 사람을 사랑하고, 자신을 해치는 사람을 미워하는 것은 인간의 본능입니다. 그런데 왜 제자들은 원수를 사랑하고, 박해하는 자들을 위해 기도해야 할까요? 이는 공평해 보이지 않습니다. 그러나 예수님은 이러한 의문을 아셨고, 이 계명의 신학적 이유를 설명하십니다. 제자들은 하느님의 자녀로서 하늘 아버지를 본받아야 한다는 것입니다. 하늘 아버지께서는 "악한 사람에게나 선한 사람에게나 똑같이 햇빛을 주시고, 옳은 사람에게나 옳지 못한 사람에게나 똑같이 비를 내려주시는 분"이시기 때문입니다(마태 5:45).

하늘 아버지께서 사랑에 있어 완전하신 것처럼, 우리도 사랑에 있어 완전해야 합니다. 원수를 미워하는 것은 인간적이지만, 용서하는 것은 거룩한 일입니다. 신자들이 거룩한 덕성을 기를 때, 사랑할 수 없는 이를 사랑하고, 박해하는 자들을 위해 기도할 영적 힘을 모을 수 있습니다. 이러한 특별한 사랑을 통해 예수님의 제자들은 다른 이들과 구별됩니다. 마태오의 교회는 랍비들과 회당의 공격을 웅변이나 권력으로 막아낸 것이 아니라, 이러한 비범한 사랑을 통해 대응할 수 있었습니다.

이 두 가지 말씀은 실제로 실천하기 매우 어려운 가르침입니다. 그럼에도 초기 그리스도인들은 이 말씀들을 문자 그대로 따랐습니다. 그들은 박해와 순교를 놀라운 회복력으로 견뎌냈으며, 결과적으로 그들의 증언과 인내는 가장 잔혹했던 로마의 박해자들조차 정복했습니다. 그러나 콘스탄티누스 황제 치하에서 그리스도인들이 정치적 권위와 사회적 책임을 지니는 높은 지위에 오르게 되면서, 해석자들은 예수님의 이 급진적인 가르침을 완화하려는 경향을 보였습니다.

특히 아우구스티누스는 "정의로운 전쟁" 이론을 발전시키며, 특정 조건에서 무력 사용을 허용해야 할 필요성을 느꼈습니다. 이 이론은 무력 사용이 필요하고 비례적이며 최후의 수단일 경우, 무고한 자들을 원수들로부터 보호하기 위한 방안으로 간주했습니다. 종교개혁 시기에 마르틴 루터는 농민전쟁으로 초래된 무정부 상태와 광범위한 파괴를 목격한 후, 그리스도인 군주들에게 법과 질서를 유지하기 위해 무력 사용을 허락했습니다. 루터는 "두 왕국" 교리를 발전시켰는데, 이에 따르면 지상의 왕국은 군사력 사용을 포함한 인간의 법으로 다스려지고, 천상의 왕국은 거룩한 은혜로 다스려집니다. 이로 인해 산상수훈은 주로 종교적 삶과 교회 공동체 안에서만 적용되는 것으로 여겨졌습니다.

그리스도인들이 점차 사회에서 권력을 행사하기 시작하면서, 예수님의 두 가지 말씀은 상황에 따라 다르게 적용되어야 한다는 인식이 생겼습니다. 이로 인해 예수님의 비폭력과 화해에 관한 급진적인 가르침은 점차 순화되었습니다. 그러나 때때로 세상은 예수님의 가르침이 지닌 변혁의 힘에 깊은 인상을 받습니다. 예를 들어, 마하트마 간디와 마틴 루터 킹이 비폭력 저항의 원칙을 채택해 인도를 영국 제국으로부터 해방시키고, 미국에서 아프리카계 미국인들의 시민권을 획득한 사례를 들 수 있습니다. 이러한 역사적 사례들은 예수님의 산상수훈, 특히 "악한 자에게 저항하지 말라"와 "원수를 사랑하라"는 급진적인 가르침이 충실히 실천될 때, 개인의 영적 성장과 교회의 선교를 넘어 정치적 투쟁과 사회 개혁에도 삶을 변화시키는 강력한 힘이 있음을 보여줍니다.

주님의 기도 (마태 6:9-13)

예수님은 경건의 실천, 즉 구제와 기도, 금식에 대해 가르치시며 진정성의 중요성을 강조하셨습니다. 여기서 주목할 점은 '경건'이라는 그리스어 단어가 '의'(마태 6:1)와 동일한 의미를 가진다는 것입니다. 이는 모든 경건한 행위가 하나님과의 올바른 관계 속에서 이루어져야 함을 나타냅니다. 예수님은 하느님 앞에서는 모든 마음이 드러나고 어떤 비밀도 숨길 수 없다고 말씀하십니다. 전지하신 하느님은 우리의 내면의 생각과 겉으로 드러나는 행동을 모두 아시며, 그에 따라 공정한 보상을 하십니다. 따라서 우리는 경건을 실천할 때 허영심과 위선을 경계해야 합니다.

특히 주목할 만한 것은 주님의 기도입니다. 이 기도는 제자들에게 무엇을 기도하고 어떻게 기도해야 하는지를 가르칩니다. 주님의 기도는 하늘 나라에 대한 예수님의 핵심적인 관심사를 반영하며, 신약학자 요아힘 예레미아스는 이 기도에서 예수님 신학의 개요를 발견했다고 평가합니다.

주님의 기도에서 가장 중요한 부분은 하느님을 "하늘에 계신 우리 아버지"라고 부르는 것입니다. 오늘날 그리스도인들에게 하느님을 "아버지"라 부르는 것은 익숙한 개념이지만, 예수님 시대에는 매우 혁명적인 발상이었습니다. 바벨론 유배 이후, 유대인들은 자신들이 하느님과의 언약을 얼마나 심각하게 깨뜨렸는지를 깨달았고, 참회의 마음으로 하느님을 유일하고 거룩한 창조주로 공경하며 자신의 죄성을 인정했습니다. 이런 맥락에서 예수님 시대의 종교 지도자들에게는 거룩하신 하느님을 "아버지"라 부르는 것이 지나치게 건방진 일로 여겨졌습니다. 이 때문에 예수님이 자신을 하느님의 아들이라 인정하셨을 때, 대사제 가야파는 즉시 그를 신성모독죄로 정죄했던 것입니다(마태 26:65).

예수님은 제자들에게 하느님을 "아버지"라 부르며 기도하도록 가르치심으로써, 그들에게 하느님의 자녀라는 새로운 정체성을 부여하셨습니다. 루가복음 11:2의 기도문과 달리, 마태오는 "우리"라는 단어를 추가하여 이를 공동체적 기도로 만들었습니다. 이는 우리가 서로 형제자매임을 상기시키며, 기도가 가족 간의 대화처럼 느껴지도록 합니다. 또한 "하늘에 계신"이라는 표현은 하느님께서 온 세상을 주관하심을 상기시켜, 이 세상에 하느님이 해결하지 못할 일은 없다는 확신을 줍니다.

기도문의 처음 세 가지 간구는 우리가 하느님의 일을 우선적으로 생각하도록 가르칩니다. 이는 하느님의 영광, 하느님의 나라, 하느님의 뜻을 말합니다. 우리는 흔히 어려움에 처했을 때 하느님께 기도하곤 합니다. 마치 하느님이 필요할 때만 호출하는 존재처럼 말입니다. 그러나 기도를 가족 간의 대화로 여긴다면, 우리 자신의 소원보다 하느님 아버지의 바람을 더 중요하게 여겨야 합니다.

하느님의 뜻을 우선시하면 우리의 세 가지 관계를 바로잡을 수 있습니다. 하느님과의 관계를 바로잡고("온 세상이 아버지를 하느님으로 받들게 하시며"), 세상을 바라보는 우리의 관점을 교정하며("아버지의 나라가 오게 하시며"), 우리의 소원을 정렬시킵니다("아버지의 뜻이 하늘에서와 같이 땅에서도 이루어지게 하소서"). 이는 우리가 하느님 아버지를 섬기고, 그분의 뜻을 따르는 삶에 헌신하고 있음을 보여줍니다.

예수님은 또한 우리에게 담대히 하느님께 우리의 필요를 구하라고 가르치십니다. 여기에는 일용할 양식, 하느님의 용서, 시험을 피하는 것, 그리고 악으로부터의 보호가 포함됩니다. 예수님은 우리의 육체, 마음, 영혼의 정당한 필요를 잘 아십니다. 하느님이 우리의 아버지이시기에, 우리는 그분께서 우리의 삶에 필요한 모든 것을 공급하실 것임을 신뢰할 수 있습니다.

전능하시고 은혜로우신 하느님은 기쁨으로 우리의 기도에 응답하시는 분이십니다. 이 때문에 많은 고대 사본에서 주님의 기도가 찬양으로 마무리되는 것은 자연스러운 일입니다. "나라와 권세와 영광이 영원토록 아버지의 것이옵니다."

돈을 아끼지 말고 하늘에 계신 아버지를 신뢰하라 (마태 6:19-34)

경제 불황과 금융 위기로 인해 우리는 많은 것을 잃었습니다. 일자리를 잃고, 집이 압류되며, 사업이 파산하고, 연금이 증발하고, 삶이 무너지고, 꿈이 깨어졌습니다. 이러한 상황에서 예수님은 어떻게 "재물을 땅에 쌓아두지 말고 하늘에 쌓으라"고 말씀하실 수 있었을까요? 이는 구약성서에서 재물을 하느님의 축복으로 간주하며, 가난한 자들을 돕기 위해서라도 재정적 자원이 필요하다고 가르치는 내용과 상충되는 것처럼 보입니다. 자본주의 사회에 살며 돈의 힘을 깊이 인식하는 우리에게, 예수님의 이 말씀은 어떻게 이해되어야 할까요?

다행히도 예수님은 그 의미를 명확히 설명하십니다. 첫째, 땅의 재물은 영원하지 않으므로 하늘의 재물이 더 큰 가치를 지닙니다. 둘째, 재물을 쌓는 것보다 하느님을 사랑하는 것이 더 중요합니다. 누구도 재물의 노예가 되지 않고는 재물을 섬길 수 없기 때문입니다. 셋째, 하느님께서 우리의 필요를 돌보아 주시므로 어떻게 살아갈지 걱정할 필요가 없습니다. 예수님은 이렇게 말씀하십니다.

> "너희는 먼저 하느님의 나라와 하느님께서 의롭게 여기시는 것을 구하여라. 그러면 이 모든 것도 곁들여 받게 될 것이다." (마태 6:33)

예수님은 재물의 한정된 가치와 유혹의 위험성을 지적하며, 제자들에게 모든 축복의 근원이신 하느님을 신뢰하고 섬기는 것이 인생에서 가장 가치 있는 일이라고 강조하십니다. 하느님의 나라와 그의 의가 우리 삶의 우선순위가 되어야 한다는 것입니다. 마태오는 자신의 독자들 중 많은 이들이 로마제국의 과중한 세금과 경제적 착취로 고통받고 있었으며, 생계를 유지하기 위해 돈을 벌어야 한다는 압박을 느끼고 있었음을 알고 있었습니다. 그래서 예수님의 말씀을 통해 독자들에게 하느님의 사랑과 돌보심을 확신시키고, 걱정 없이 하느님을 신뢰하도록 격려하고자 했습니다.

예수님의 돈에 대한 관점은 당시의 문화와 대조적입니다. 대부분의 사람들은 돈이 모든 행복을 살 수는 없다는 것을 이해하면서도, 가난이 큰 고통을 가져올 수 있다는 사실 역시 잘 알고 있습니다. 성서는 탐욕이 악의 뿌리임을 경고하지만, 돈에 대한 걱정을 완전히 없애는 것이 게으름으로 이어질 수 있음을 경계합니다. 그래서 성서 해석의 역사에서 주요 논점 중 하나는 항상 "돈을 벌면서도 하느님을 사랑하는 것이 가능할까?" 였습니다.

마태오 복음이 쓰이기 전, 바울로는 데살로니카와 로마의 일부 그리스도인들이 예수님의 말씀을 문자 그대로 받아들여 일하지 않고 게으른 태도를 보일 것을 우려했습니다. 그는 그리스도인들에게 열심히 일하며 돈을 벌어 가난한 자들을 돕도록 권면했습니다.

> "우리는 여러분에게 권고합니다. 게으른 사람들을 훈계하고, 소심한 사람들을 격려하며, 약한 사람들을 붙들어 주고, 모든 사람을 인내로 대하십시오." (1데살 5:14; 로마 12:11)

2세기의 신학자 알렉산드리아의 클레멘트는 "어떤 종류의 부자가 하느님의 나라에 들어갈 수 있는가?"라는 유명한 설교에서 부자들을 여러 범주로 나누며 이 질문에 답하고자 했습니다. 그는 재물에 종속되지 않고 자신의 재산을 자선을 위해 기꺼이 사용하는 사람들은 하느님의 나라에 들어갈 수 있다고 주장했습니다.

사제와 수도사, 수녀들이 가난의 서약을 통해 예수님의 가르침을 따랐지만, 대부분의 해석자들은 재물이 구제와 교회의 선교를 위해 사용된다면 돈을 버는 것 자체가 잘못이 아니라고 보았습니다. 18세기 런던 빈민가에서는 많은 가난한 이들이 고통받는 동안, 부유한 공장주들이 새로운 산업화로 막대한 부를 축적했습니다. 이 시기 존 웨슬리는 돈에 대한 그리스도인의 관점에 대해 깊이 고민했습니다. 그의 설교 "돈의 사용에 관하여"에서 웅변적으로 제시된 세 가지 원칙, 즉 "할 수 있는 한 많이 벌고, 할 수 있는 한 많이 저축하며, 할 수 있는 한 많이 나누라"는 하느님을 섬기면서도 재물을 모으는 것사이의 균형을 유지하려는 신실한 그리스도인들에게 여전히 현명한 지침으로 여겨지고 있습니다.

예수님의 산상수훈을 어떻게 해석해야 하는가에 대한 주요 논쟁 중 하나는 예수님의 가르침이 실제 삶에서 실천 가능한지에 관한 것입니다. 이에 대해 두 가지 상반된 견해가 존재합니다.

토마스 아퀴나스는 산상수훈에 나오는 예수님의 말씀이 너무 엄격하여 아무도 이를 완전히 실천할 수 없다고 인정하며, "두 가지 기준" 이론을 제안했습니다. 그는 예수님의 가르침을 두 종류로 구분했습니다. 첫째는 "계명", 즉 구원을 원하는 모든 신자들에게 요구되는 필수적인 법칙입니다. 둘째는 "복음적 권고", 즉 완전함을 추구하는 종교인들에게 제공되는 선택적 지침입니다. 예를 들어, "악한 자에게 저항하지 말라" 또는 "돈을 모으지 말라"와 같은 더 엄격한 법들은 사제, 수도사, 수녀와 같은 종교적 엘리트에게만 적용되는 반면, 평신도들에게는 더 낮은 기준이 요구되었습니다.

종교개혁 시기에 마르틴 루터도 산상수훈에 제시된 그리스도의 율법을 온전히 지킬 수 있는 사람은 아무도 없다는 점을 깨달았습니다. 루터는 이 율법들이 단순한 "규칙"이 아니라 "거울"의 역할을 한다고 보았습니다. 율법은 하느님의 뜻이라는 높은 기준을 통해 인간의 죄와 결점을 드러내는 역할을 한다는 것입니다. 그는 한 설교에서 다음과 같이 말했습니다.

> "우리는 율법의 가르침을 통해 의롭게 되거나 구원받을 수 없습니다. 율법은 단지 우리로 하여금 우리 자신을 알게 할 뿐입니다. 즉, 우리 자신의 능력으로는 율법의 일점일획도 제대로 이행할 수 없다는 것을 알게 합니다. ... 우리는 결코 이것을 기반으로 하느님 앞에 설 수 없으며, 항상 그리스도께 의지해야만 합니다."

예수님의 가르침은 인간의 마음과 행동에 대해 매우 높은 기준을 제시하기 때문에, 가장 헌신적인 신자들조차 이를 따르기가 어렵습니다. 그러나 예수님께서는 소수의 경건한 사람들만이 아니라, 그를 따르는 모든 이들이 하늘에 계신 아버지께서 완전하신 것처럼 완전하기를 원하셨습니다. 단순히 그를 "주님"이라 부르는 것만으로는 충분하지 않으며, 그의 말씀을 실천해야 하늘 나라에 들어갈 수 있다는 것입니다.

제자들은 예수님의 가르침을 실제로 실천하는 법을 배워야 했습니다. 이렇게 함으로써 그들은 모래 위가 아닌 반석 위에 영적인 집을 세울 수 있었으며, 그 집은 가장 강한 폭풍도 견딜 수 있었을 것입니다.

사명과 포용성

마태오 복음 10장에서 예수께서는 열두 제자를 선교에 보내시며 다음과 같이 지시하십니다. "이방인들이 사는 곳으로도 가지 말고 사마리아 사람들의 도시에도 들어가지 마라. 다만 이스라엘 백성 중의 길 잃은 양들을 찾아가라."(마태 10:5-6) 이러한 말씀은 현대의 우리에게 다소 불편하게 다가올 수 있습니다. 왜냐하면 예수께서 이방인들과 사마리아인들을 배제하는 것처럼 보이기 때문입니다. 그렇다면, "하느님은 공평하신 분"이라는 베드로의 선언과 이러한 말씀은 어떻게 조화를 이루는 것일까요? 또한, 유대인과 이방인들이 공존하던 마태오의 교회는 이러한 말씀을 어떻게 받아들였을까요? 나아가 오늘날 우리는 교회의 포용성과 세계 선교를 어떻게 이해해야 할까요?

이 질문에 답하기 위해서는 마태오의 역사적 관점을 살펴볼 필요가 있습니다. 우선, 마태오 복음서의 저자가 이 말씀의 차별적인 어조를 인식하고 있었다고 보는 것이 합리적입니다. 예를 들어, 바울로의 갈라디아서에 따르면, 안티오키아에서 베드로와 바울로는 유대인과 이방인 그리스도인들 간의 식탁 교제 문제로 공개적인 논쟁을 벌였습니다. 또한 사도행전 15장에서는 예루살렘 회의가 열려, 이방인 그리스도인들이 어떻게 차별 없이 교회의 구성원이 될 수 있는지를 논의했습니다. 이러한 역사적 맥락을 고려할 때, 마태오의 시대에는 민족 간 갈등이 여전히 중요한 논쟁거리였음을 알 수 있습니다.

그러나 마태오가 이 말씀을 복음서에 포함시킨 이유는 단순히 역사적 기록을 보존하기 위한 것이 아닐 것입니다. 마태오는 복음서 마지막에 대사명을 포함하며 이를 보완하고 있습니다. "너희는 가서 이 세상 모든 사람들을 내 제자로 삼아라."(마태 28:19) 이를 통해 마태오는 이방인 선교를 반대하지 않았음을 분명히 하고 있습니다. 그의 복음서에서 예수께서는 서로 다른 시점에서 두 가지 선교 명령을 주십니다. 갈릴리아에서는 유대인들에게(마태 10:5-6), 부활 후에는 모든 민족에게(마태 28:19) 선교하라고 명령하셨습니다.

이 두 선교를 함께 살펴보면, 하느님의 구원 계획이 시간 속에서 점진적으로 실현되고 있음을 알 수 있습니다. 하느님은 모든 인류를 위한 구원 계획을 가지고 계시지만, 그 실행은 먼저 유대인들에게서 시작되고, 이후 이방인들에게로 확장됩니다. 이러한 관점은 바울로의 로마서에서도 발견됩니다.

> "나는 그 복음을 부끄럽게 여기지 않습니다. 복음은 먼저 유다인들에게, 그리고 이방인들에게까지 믿는 사람이면 누구에게나 구원을 가져다주는 하느님의 능력입니다." (로마 1:16)

예수님의 첫 번째 선교의 목적은 하느님이 약속하신 메시아를 유대인들에게 알리는 것이었습니다. 예수님의 치유의 기적들은 하늘 나라가 가까이 왔음을 증명하는 표징이었습니다. 부활하신 후, 예수님은 제자들을 두 번째 선교로 보내셨습니다. 이번 선교는 하느님의 사랑을 온 세상에 가르치고, 모든 민족이 세례를 통해 하느님께 속하며 예수님의 계명을 지키는 법을 배워 그의 제자가 되게 하기 위한 것이었습니다. 모든 일에는 때와 시기가 있습니다. 마태오 복음 10장에서 이방인과 사마리아인에 대한 선교 금지는 특정 시기에 한정된 지침으로, 첫 번째 선교에만 적용된 것이었습니다. 역사학자들은 이 두 선교가 초대교회의 두 가지 별개의 노력을 반영한 것일 수 있다고 제안합니다. 즉, 유대인들에게 먼저 복음을 전하고 그다음 이방인들에게 전하려는 계획이 있었던 것입니다. 이러한 역사적 맥락 속에서 베드로는 "유대인의 사도"로, 바울로는 "이방인의 사도"로 불리게 되었습니다. 마태오는 이 두 선교를 각각 중요하고 타당한 것으로 보았습니다. 모든 사람이 하느님의 자녀이기 때문입니다. 신학적으로 첫 번째 선교는 하느님께서 택하신 백성에 대한 언약의 신실함을 보여주며, 두 번째 선교는 모든 민족을 향한 하느님의 포용적인 사랑을 드러냅니다. 이 두 선교는 예수께서 유대인과 이방인 모두의 구원자이심을 선포합니다.

이 두 선교의 기록을 함께 읽을 때, 우리는 마태오 복음 15장에 등장하는 가나안 여인의 난해한 이야기를 더 잘 이해할 수 있습니다. 가나안 여인은 귀신들린 딸의 치유를 간청했지만, 예수께서는 "나는 길 잃은 양과 같은 이스라엘 백성만을 찾아 돌보라고 해서 왔다"(마태 15:24)라고 말씀하시며 도움을 주기를 꺼리시는 듯 보입니다. 심지어 "자녀들이 먹을 빵을 강아지에게 던져 주는 것은 옳지 않다"(마태 15:26)라고 하신 말씀은 인종차별적으로 들릴 수도 있습니다. 그러나 이방인 어머니는 자신의 딸을 향한 사랑과 하느님의 은혜를 확신하며 겸손하면서도 단호하게 대답합니다. "주님, 그렇긴 합니다마는 강아지도 주인의 상에서 떨어지는 부스러기는 주워 먹지 않습니까?"(마태 15:27). 그녀의 굳은 믿음과 끈질긴 사랑은 결국 예수께 감동을 주었고, 예수께서는 그녀의 믿음을 칭찬하시며 딸을 치유하셨습니다. 이 이야기는 예수께서 자신의 선교가 유대인들에게 우선적으로 시작되었음을 강조하시면서도, 이방인들을 향한 하느님의 사랑을 보여주고자 하셨음을 시사합니다. 가나안 여인은 이방인을 향한 하느님의 사랑의 선구자이자 믿음의 모범이 됩니다. 결론적으로, 예수님의 첫 번째 선교는 하느님의 언약의 신실함을, 두 번째 선교는 모든 민족을 향한 포용적인 사랑을 드러냅니다. 이러한 두 선교는 하느님의 구원 계획이 시간과 역사를 통해 점진적으로 이루어지고 있음을 보여줍니다. 따라서 부활의 백성으로서 우리는 하느님의 영이 행하실 새로운 일들에 열린 마음을 가져야 하며, 하느님의 은혜를 나누기 위해 모든 사람을 교회로 기꺼이 맞아들여야 합니다.

마태오 복음 10장에서 두 번째로 혼란스러운 질문은 이것입니다. 왜 예수님께서는 제자들에게 가볍게 여행하라고 명령하셨을까요? 그는 제자들에게 길 위의 위험과 적대적인 박해의 위험에 대해 경고하셨습니다. 그럼에도 불구하고, 그는 그들에게 이렇게 말씀하셨습니다.

> "전대에 금이나 은이나 동전을 넣어가지고 다니지 말 것이며 식량 자루나 여벌 옷이나 신이나 지팡이도 가지고 다니지 마라. 일하는 사람은 자기 먹을 것을 얻을 자격이 있다." (마태 10:9-10)

예수님의 말씀의 의미는 무엇일까요? 선교사는 하느님의 일꾼이기 때문에, 하느님께서는 천국에 관한 좋은 소식을 받아들인 사람들의 관대함을 통해 그들을 돌보실 것입니다. 이것은 예수님이 그들이 개종자를 얻을 것이라고 확신하고 있으며, 하느님의 보호하심이 신뢰할 만하다는 것을 보여줍니다. 이러한 낙관적인 선교 관점은 역사적으로 많은 선교사의 노력을 불러일으켰고, 복음을 세계 곳곳에 전하게 만들었습니다. 하지만, 예수님의 가르침을 따르는 것이 항상 쉬운 것은 아닙니다. 국내 선교이든, 타문화권 선교이든, 다양한 종류의 선교 활동은 종종 어려움, 저항, 심지어 박해와 마주하게 됩니다. 그러나 예수님께서는 "그들을 두려워하지 말라. 감추어진 것은 드러나게 마련이고, 비밀은 알려지게 마련이다"라고 말씀하십니다(마태 10:26). 이는 하느님께서 우리를 보호하신다는 약속을 다시금 확신시켜 줍니다. 선교에 관한 예수님의 가르침은 오늘날에도 여전히 유효합니다. 그는 계속해서 우리를 부르고 계십니다. 말과 행동을 통해 하느님의 잃어버린 백성들에게 복음을 전하라고 말입니다. 우리가 그렇게 할 때, 우리는 두려움 없이 하느님의 돌보심과 보호하심을 신뢰할 수 있습니다.

하늘 나라 비유

갈릴래아 바다의 배에서 예수께서는 해변에 모인 무리들에게 일곱 개의 비유를 들려주십니다. 이 비유들은 천국의 비범한 본질과 능력, 그리고 가치를 설명합니다. 그중 두 가지 비유는 예수께서 직접 그 의미를 해석하신 점에서 특히 주목할 만합니다.

첫 번째 비유는 씨 뿌리는 자에 관한 이야기입니다. 그는 씨를 길가, 돌밭, 가시덤불 사이, 그리고 좋은 땅에 뿌립니다. 예수께서는 씨 뿌리는 자를 자신에 비유하시며, 하느님의 말씀이 모든 이에게 공평하게 전파된다는 것을 시사하십니다. 같은 복음이 모든 사람에게 전파되지만, 그것이 열매를 맺을지는 각자의 마음에 달려 있습니다. 이 비유는 땅의 질, 즉 마음밭의 상태가 중요하다는 사실을 알려줍니다. "말씀을 듣고 잘 깨닫는 사람"(마태 13:23)이 열매를 맺기 때문입니다. 결국 비옥한 땅에서만 씨가 자라 열매를 맺듯이, 우리의 마음이 하느님의 말씀을 받아들일 준비가 되어 있어야 함을 일깨워줍니다. 씨 뿌리는 자의 비유는 하느님의 은혜가 모든 이를 위한 것임을 강조하며, 동시에 우리가 하느님의 메시지를 받아들여 영적으로 성장하고 풍성한 열매를 맺을 것을 촉구합니다. 이 비유는 또한 생명을 변화시키는 그분의 풍성한 축복을 경험하라는 권면이기도 합니다.

두 번째 비유는 밀밭에 자란 가라지에 관한 이야기입니다. 한 농부가 밭에 밀을 심었으나, 원수가 밤중에 와서 가라지를 심습니다. 밀과 가라지가 함께 자라자 종들이 주인에게 가라지를 뽑아낼지 물었습니다. 그러나 주인은 이렇게 답합니다.

> "가만 두어라. 가라지를 뽑다가 밀까지 뽑으면 어떻게 하겠느냐? 추수 때까지 둘 다 함께 자라도록 내버려 두어라. 추수 때에 내가 추수꾼에게 일러서 가라지를 먼저 뽑아서 단으로 묶어 불에 태워 버리게 하고 밀은 내 곳간에 거두어 들이게 하겠다."
>
> (마태 13:29-30)

농부는 가라지가 원수에 의해 심어졌다는 것을 알면서도, 종들에게 인내하며 최후의 심판을 하느님께 맡기라고 조언합니다. 이 비유는 밭이라는 상징을 통해 교회와 세상 안에 선한 사람과 악한 사람이 함께 존재하는 이유를 설명합니다. 또한 사람을 판단하거나 심판하려는 유혹에 빠지지 말고, 의인과 악인을 구별하실 전지하신 하느님께 맡기라는 교훈을 줍니다. 하느님은 모든 사람을 사랑하시며, 누구도 멸망하기를 원치 않으십니다. 그러므로 우리는 우리 자신을 돌아보며, 가라지가 아닌 밀로 자라고 있는지 확인해야 합니다. 하느님께서는 결국 공의를 실현하실 것입니다. 악한 사람들이 세상에서 번영하는 것처럼 보일지라도, 이는 하느님께서 심판을 더디하시는 것이 아니라, 사람들에게 두 번째 기회를 주고자 하시는 것입니다. 하느님께서 벌하시기보다 용서하시기를 기뻐하신다면, 하느님의 자녀인 우리는 교회와 세상에서 서로를 더욱 소중히 여기며 살아가야 할 것입니다.

공동체 생활

가파르나움을 지나실 때, 하늘 나라에서 누가 가장 위대한지를 묻는 제자들의 질문에 예수께서는 한 어린아이를 불러 그들 가운데 세우시고 대답하셨습니다.

> "나는 분명히 말한다. 너희가 생각을 바꾸어 어린이와 같이 되지 않으면 결코 하늘 나라에 들어가지 못할 것이다. 그리고 하늘 나라에서 가장 위대한 사람은 자신을 낮추어 이 어린이와 같이 되는 사람이다." (마태 18:1-4)

예수님의 이 대답은 제자들의 기대와 우리의 상식을 완전히 뒤집었습니다. 우리는 지도자가 성숙하고 자신감 있기를 기대하지만, 예수께서는 지도자를 연약하고 겸손한 어린아이와 같은 사람으로 정의하셨습니다. 따라서 교회 지도력의 첫 번째 자질은 겸손입니다. 하느님을 공경하고 다른 사람을 자신만큼 존중하는 사람만이 교회의 지도자로 섬길 수 있습니다. 예수께서는 이 기회를 통해 교회 지도력의 두 가지 중요한 책임을 가르치셨습니다.

첫째, 지도자들은 자신의 공동체, 특히 그들의 돌봄 아래 있는 "나를 믿는 이 보잘것없는 사람들"을 유념해야 합니다. 여기에는 경제적으로 가난하거나, 사회적으로 멸시받거나, 영적으로 연약한 이들이 포함됩니다. 지도자들은 개인적인 모범을 통해 이끌어야 하며, 가장 연약한 구성원들에게 걸림돌이 되지 않도록 조심해야 합니다. 예수께서는 만약 지도자들이 누군가의 신앙을 실족하게 한다면, "그 목에 연자맷돌을 달고 깊은 바다에 던져지는 편이 오히려 나을 것"(마태 18:6)이라고 강하게 경고하셨습니다. 또한 예수께서는 연약하고 취약한 자들을 멸시하거나 무시하지 말라고 훈계하십니다. "하늘에 있는 그들의 천사들이 하늘에 계신 내 아버지를 항상 모시고 있다”(마태 18:10)는 이유에서입니다.

둘째, 지도자들은 어떤 대가를 치르더라도 화해를 촉진해야 합니다. 어떤 공동체에서든 개인 간의 갈등은 피할 수 없는 일이지만, 예수께서는 잘못을 저지른 사람을 회개하도록 설득하기를 원하십니다. 먼저 개인적으로 대화하고, 그다음에는 증인들과 함께 이야기하며, 마지막으로 공동체 전체가 징계 결정을 내리기 전까지 회복을 위해 노력해야 합니다. 예수께서는 또한 베드로에게 자기에게 죄를 지은 자를 용서할 것을 말씀하시며, “일곱 번뿐 아니라 일곱 번씩 일흔 번이라도 용서하라”(마태 18:22)고 하셨습니다. 이어지는 비유에서는 주인에게서 엄청난 빚을 탕감받았으면서도, 자신은 동료 종의 작은 빚을 용서하지 않은 종이 나옵니다. 그 종은 마음의 강퍅함으로 인해 벌을 받게 됩니다.

> “몹시 노하여 그 빚을 다 갚을 때까지 그를 형리에게 넘겼다. 너희가 진심으로 형제들을 서로 용서하지 않으면 하늘에 계신 내 아버지께서도 너희에게 이와 같이 하실 것이다.” (마태 18:34-35)

이 담화에서 예수께서는 연약한 자들을 돌보는 것과 다른 사람을 기꺼이 용서하는 것을 교회 지도력의 가장 중요한 두 가지 과제로 강조하셨습니다. 이 두 가지 원칙은 오늘날에도 건강한 공동체를 유지하는 데 여전히 중요한 진리로 남아 있습니다.

최후의 심판에 대한 비유

마지막으로, 예루살렘에서 예수께서는 제자들에게 최후의 심판에 대해 깨어 있으라고 촉구하며 다섯 번째 담화를 전하십니다. 이 담화에서 네 가지 비유를 통해 세 번 반복되는 중요한 경고가 등장합니다.

먼저, 예수께서는 인자의 오심이 "더딜" 것이라고 말씀하시지만(마태 24:48; 25:5), 반드시 올 것임을 확신시켜 주십니다. 그는 권능과 영광으로 구름을 타고 오시며, 그의 천사들을 보내어 세상의 모든 사람을 심판을 위해 모으실 것입니다. "그러나 그 날과 그 시간은 아무도 모른다. 하늘의 천사들도 모르고 아들도 모르고 오직 아버지만이 아신다."(마태 24:36) 따라서 최후의 심판의 때를 추측하려 해서는 안 됩니다. 역사적으로, 세상의 종말 날짜에 대해 계시를 받았다고 주장하며 불안을 조성하거나 환멸을 불러일으킨 자칭 예언자들이 수없이 있었습니다. 반면, 최후의 심판 개념을 단순한 신화로 치부하는 이들도 있습니다. 그러나 예수께서는 이런 심판을 무시하는 자들에게 경고의 비유를 말씀하십니다.

> "너희의 주인이 언제 올지 모르니 깨어 있어라. 만일 도둑이 밤 몇 시에 올는지 집 주인이 알고 있다면 그는 깨어 있으면서 도둑이 뚫고 들어오지 못하게 할 것이다. 사람의 아들도 너희가 생각지도 않은 때에 올 것이다. 그러니 너희는 늘 준비하고 있어라."
>
> (마태 24:42-44)

주인과 신랑의 도착이 지체되자, 종들은 자신의 의무를 소홀히 하고, 신부들은 등불을 위한 여분의 기름을 준비하지 않습니다. 자신의 달란트를 땅에 묻어둔 종은 주인의 엄격함을 탓하며 변명하지만, 하느님의 심판은 공정하고 최종적입니다. 선하고 충성된 종들은 영원한 생명을 얻을 것이고, 악하고 게으른 자들은 영원한 형벌에 처해질 것입니다. 등불을 위한 충분한 기름을 준비한 신부들은 혼인 잔치에 들어가지만, 준비하지 못한 자들은 문 밖에 남겨질 것입니다. 마태오의 메시지는 분명합니다. "너희의 주인이 언제 올지 모르니 깨어 있어라." 이 비유들은 또한 우리가 각자의 행위로 심판받을 것임을 가르칩니다. 교회의 구성원이나 지도자의 자격만으로는 구원을 보장받을 수 없습니다. 오직 의로운 열매를 맺은 자들만이 하늘 나라에 들어갈 수 있습니다.

마태오 공동체는 하느님의 은혜를 당연하게 여기며 영적 안일함에 빠졌을 가능성이 있습니다. 그래서 마태오는 혼인 잔치 비유에 독특한 결말을 덧붙여 이러한 태도의 결과를 경고합니다. 자유롭게 초대받았지만 혼인 예복을 입지 않은 손님은 왕이 도착했을 때 "바깥 어둠"으로 쫓겨납니다. 부름받은 자는 많되 선택된 자는 적기 때문입니다(마태 22:11-14). 따라서 의를 행하는 것은 매우 중요한 문제입니다. 양과 염소의 비유에서처럼, 주린 자를 먹이고, 목마른 자에게 마실 것을 주며, 헐벗은 자를 입히고, 병든 자를 돌보며, 갇힌 자를 방문하는 자들만이 의인이라 불리며, 영원한 나라로 인도될 것입니다(마태 25:37-40).

마태오의 세 번째 요점은 최후의 심판이 보편적이지만, 신앙 공동체와 그 지도자들로부터 시작된다는 점입니다. 세상의 모든 사람이 왕 앞에 서서 의인과 악인, 두 무리로 나뉘게 될 것입니다. 주목할 점은 이 비유들에서 주요 인물로 등장하는 사람들이 가정을 맡은 종들, 신부를 섬기는 들러리들, 그리고 주인의 재산을 관리하는 종들로 묘사된다는 것입니다. 이들은 단순한 평범한 구성원들이 아니라 교회의 지도자와 교사들입니다. 이들은 하느님 앞에서 자신들의 행실에 대해 해명해야 할 특별한 책임을 지닙니다. 지도자와 교사들은 특별한 임무와 특권, 그리고 은사를 부여받았습니다. 그들의 의무는 모든 신자들에게 예수님의 계명을 지키고 제자가 되도록 가르치는 것입니다. 따라서 그들은 지도력이 곧 책임이라는 사실을 항상 유념해야 합니다.

오늘날 많은 사람들은 최후의 심판이나 세상의 종말을 믿지 않습니다. 최후의 심판은 고대 세계관을 표현하는 신화적 언어로 간주되며, 궁극적인 정의를 상징하는 것에 불과하다고 여겨지기도 합니다. 과학의 시대를 사는 우리는 그리스도의 재림보다는 환경 재앙이나 핵폭발로 인해 세상이 종말을 맞이할 가능성을 더 걱정합니다. 심지어 몇몇 그리스도인들조차도 최후의 심판이라는 개념에 반대합니다. 그들은 회개하지 않은 죄인이라 할지라도 자신의 창조물을 파멸시키는 것을 견딜 수 없는 사랑의 하나님을 믿습니다. 이들은 죄인들이 영원한 형벌을 받는 대신, 스스로의 비참한 삶으로 인해 고통받을 것이라고 생각합니다. 우리의 세계관과 신학적 확신은 최후의 심판을 어떻게 이해하고, 예수님의 경고에 어떻게 반응할지를 결정짓는 데 중요한 역할을 합니다.

어떤 면에서 최후의 심판에 대한 질문은 부활의 문제와 비슷합니다. 성서는 이 두 가지의 역사적 사실성을 증언하며 그 신학적 중요성을 강조합니다. 만약 부활이 없다면, 예수님의 십자가 죽음은 단지 정치적 희생에 불과하며, 예수님은 구원자가 아니었다는 것을 의미합니다. 마찬가지로, 만약 최후의 심판이 없다면, 예수님의 경고와 비유들은 그가 진리의 계시자가 아니라 단순한 종교적 사기꾼이었음을 암시합니다. 최후의 심판이 단지 신자들을 의로운 삶으로 이끌기 위한 위협이라면, 진정한 정의는 존재하지 않을 것이며, 하나님은 최후의 말씀을 가지지 않으신 셈이 됩니다. 그러나 예수님의 경고는 단순한 위협을 넘어섭니다. 그것은 우리의 삶의 질과 책임성에 대해 깊이 성찰하고, 진지하게 고민하도록 도전합니다.

하느님의 뜻을 가르치는 교사

이 다섯 가지 담화에 담긴 가르침은 하느님의 뜻을 가르치는 스승으로서 예수님의 지혜를 드러냅니다. 예수님은 의로움, 하느님의 선교, 천국, 신자들의 공동체, 그리고 최후의 심판에 대한 확신을 통해 우리에게 중요한 교훈을 전하십니다. 그렇다면, 우리는 예수님의 가르침을 통해 무엇을 배워 우리 삶에 적용할 수 있을까요?

첫째, 하느님은 우리의 아버지이십니다. 예수님의 가르침의 핵심에는 하느님이 하늘에 계신 우리의 아버지라는 확신이 자리하고 있습니다. 세상을 창조하신 전능하신 하느님은 우리를 아시고 사랑하시며 돌보십니다. 하느님은 초월적이면서도 우리와 가까이 계시고, 감추어져 있으면서도 다가갈 수 있는 분이십니다. 우리는 하느님의 돌보심과 보호하심을 신뢰하며 하느님과의 교제를 누릴 수 있습니다. 하느님이 우리의 아버지이시기에, 우리는 형제자매가 되고 교회는 가족이 됩니다. 이러한 하느님에 대한 급진적인 관점은 우리에게 새로운 정체성과 관계를 제공합니다.

둘째, 우리는 새로운 존재 방식을 제공받았습니다. 하느님의 자녀이자 서로의 형제자매로서 우리는 그리스도를 통해 하느님이 보여주신 성품을 공유하는 새로운 백성입니다. 하늘 아버지께서 사랑 안에서 완전하신 것처럼, 우리는 서로를 사랑할 뿐 아니라 원수까지도 사랑해야 합니다. 가정과 교회, 사회, 그리고 국가 간의 깨어진 관계로 많은 사람들이 고통받는 세상에서, 이 새로운 존재 방식은 우리를 모욕하는 자를 용서하고 우리를 미워하는 자를 사랑하는 것을 의미합니다. 이를 통해 적대감은 사라지고 화해가 이루어질 수 있습니다.

셋째, 우리는 새로운 삶의 방식으로 초대받았습니다. 하늘 나라는 하느님의 백성이 새로운 삶의 방식을 따를 것을 요구합니다. 단순히 예수님의 가르침을 듣는 것만으로는 충분하지 않습니다. 그의 말씀을 실천하는 자만이 비유에서처럼 반석 위에 집을 짓는 지혜로운 사람과 같을 것입니다. 이러한 사람은 비와 홍수와 바람에도 무너지지 않습니다(마태 7:24-27). 다시 말해, 우리는 예수님의 제자가 되어 그가 명령하신 모든 것을 지키는 법을 배워야 합니다. 이는 쉽지 않은 길입니다. 예수님의 가르침은 종종 우리의 자기중심적이고 이기적인 본능과 충돌하기 때문입니다. 그러나 그의 급진적인 가르침은 하늘 나라에 대한 새로운 비전과 하느님의 의에 맞는 삶으로 우리를 이끌기 위해 주어진 것입니다. 만약 우리가 먼저 그의 말씀을 실천하려고 노력한다면, 하느님께서 우리를 도우실 것입니다.

넷째, 우리는 하느님의 자비와 함께 하느님의 공의도 믿어야 합니다. 다섯 가지 담화 각각은 최후의 심판에 대한 심각한 경고로 마무리됩니다. 예수께서는 제자들이 하느님의 은혜를 기억하는 동시에 하느님의 공의에 응답할 준비를 갖추기를 원하셨습니다. 최후의 심판의 일정이나 세부 사항을 추측하는 것은 도움이 되지 않지만, 예수님의 진지한 경고는 우리가 하느님을 중심에 두고 이웃을 고려하며 변화된 삶을 살도록 촉구합니다. 하느님은 사랑이 많으신 아버지이자 공의로운 심판자이십니다. 우리는 하느님의 관대하심을 값싼 은혜로 전락시키거나 책임을 회피하려 해서는 안 됩니다.

예수님의 가르침은 너무 이상적이고 급진적이며 당시의 문화적 기준에 반하는 것으로 보였습니다. 유대인 학자 조셉 클라우스너는 이를 "실천이 불가능한 극단적 도덕"이라고 평가했습니다. 그러나 이 판단은 과연 타당할까요?

최근 몇 년간, 우리의 도덕적 감각을 뒤흔든 두 사건이 있었습니다. 그중 하나는 2001년 9월 11일에 발생한 테러 공격입니다. 세계무역센터와 펜타곤을 겨냥한 항공기 납치와 공격은 수많은 생명을 앗아가고 우리의 영혼에 깊은 상처를 남겼습니다. 이 비극은 복수와 신속한 정의를 외치게 했고, 우리의 첫 반응은 즉각적인 반격이었습니다. 강화된 보안 조치와 알카에다의 해체는 최우선 과제가 되었고, 악을 행하는 자들에게 저항하지 말라는 예수님의 가르침은 터무니없고 심지어 비애국적이라는 비판을 받았습니다.

그러나 10년이 지난 지금, 우리는 반테러 전쟁의 결과를 돌아볼 수 있는 시점에 와 있습니다. 우리는 법 집행 기관들의 노력과 추가적인 갈등과 증오 범죄를 막기 위해 그리스도인과 무슬림 간의 대화를 촉진하려 했던 신앙 공동체들의 헌신에 감사해야 합니다. 동시에, 몇 가지 중요한 질문들을 제기할 필요가 있습니다. 우리는 국가 안보라는 이름 아래 정말 필요한 모든 것을 정당화해 온 것일까요? 우리가 취한 모든 조치가 과연 우리에게 유익했을까요? 우리가 치른 대가는 무엇이며, 앞으로의 전망은 어떠할까요?

이라크와 아프가니스탄 전쟁으로 수천 명의 군인들과 셀 수 없이 많은 민간인이 목숨을 잃었고, 희생자 수는 최초 테러 공격 때의 몇 배에 이르렀습니다. 천문학적인 전쟁 비용 또한 지출되었습니다. 이러한 상황에서, 우리는 복수와 분노를 넘어 증오를 끝내고 민족 간의 평화를 추구할 방법을 진지하게 모색해야 하지 않을까요? 이 질문들은 복잡한 상황 속에서도 여전히 유효하며, 이를 던지는 것이 순진한 행동은 아닙니다. 예수께서 말씀하신 "원수를 사랑하라"는 가르침은 정말 비현실적인 이상에 불과할까요? 아니면, 삶의 가치를 변화시키고 새로운 관계를 만들어내는 고귀한 부르심일까요? 만약 우리가 이 가르침을 따르기로 결단한다면, 그 대가는 무엇일까요?

두 번째로 영혼을 뒤흔든 사건은 2006년 10월 2일, 펜실베이니아 주 니켈 마인스에 있는 아미시 공동체에서 발생한 학교 총기 사건입니다. 이 사건으로 열 명의 어린 소녀들이 죽거나 다쳤습니다. 이 비극은 미국 전역에 큰 충격을 주었지만, 아미시 공동체는 총격범을 용서할 준비가 되어 있었을 뿐 아니라, 그의 가족을 위해 기도해달라고 요청해 사람들을 더욱 놀라게 했습니다. 그들은 복수하지 말고 원수까지도 사랑하라는 예수님의 급진적인 계명을 따름으로써, 견딜 수 없는 비극을 극복할 수 있음을 잊을 수 없는 방식으로 보여주었습니다. 이러한 은혜와 용서는 사람들 간의 적대감을 종식시킬 수 있는 대안적인 길이 있음을 우리에게 상기시켜줍니다. 우리는 모두 사랑 안에서 완전하신 하느님의 자녀들입니다. 바울로의 말씀처럼, "그리스도께서는 우리 죄 많은 인간을 위해서 죽으셨습니다. 이리하여 하느님께서는 우리들에게 당신의 사랑을 확실히 보여 주셨습니다"(로마 5:8). 아미시 공동체는 예수님의 가르침이 급진적이지만, 그것을 따르는 것이 불가능하지 않다는 사실을 증명했습니다. 윤리학자 스탠리 하우어워스는 신앙 공동체가 하느님의 사랑으로 완전히 변화되고 예수님의 계명을 따를 때, 그들은 하느님의 자녀들에게 합당한 덕목으로 천국의 삶을 변화시키는 능력을 증언할 수 있다고 주장했습니다.

삶은 쉽지 않고, 관계는 종종 복잡합니다. 따라서 우리는 대인 관계에서 발생하는 위기에 단순한 접근법을 사용해서는 안 됩니다. 도덕적 결정을 내릴 때, 우리는 각 상황에서 우선순위, 즉 사랑과 정의와 개인적 혹은 사회적 책임을 신중히 분별하는 법을 배워야 합니다. 예수께서 가르치신 "선으로 악을 이기고 사랑으로 원수를 이기라"는 말씀은 세상을 향한 하느님의 지속적인 돌보심 속에서 드러나며, 십자가에서의 예수님의 구속적 죽음으로 모범이 된 완전한 사랑을 추구하라는 부르심으로 이어집니다. 사랑은 가장 탁월한 길입니다.

예수님의 가르침은 우리의 문화와 너무나 달라 그분의 영적 비전과 우리의 관점 사이에 긴장과 간극이 생깁니다. "제자가 되는 데 따르는 대가를 생각해볼 때, 나는 정말 예수님을 따르기를 원하는가?"라는 질문 앞에서 우리는 갈등을 겪습니다. 천국에 대한 예수님의 비전이 우리의 영혼을 고양하고 깊은 영감을 주기에 "예"라고 말하고 싶지만, 그분의 계명들이 엄중하고 현실적으로 어려워 "아니오"라고 하고 싶은 마음도 들기 때문입니다.

그러나 예수께서 의의 길이 좁은 길임을 이미 알고 계셨다는 사실은 위로가 됩니다. 제자도는 순례와 같으며, 목적지에 도달하기 전에 낯선 곳을 통과하며 시간과 지원이 필요한 여정입니다. 예수께서는 우리를 격려하시며 말씀하십니다.

> "너희는 먼저 하느님의 나라와 하느님께서 의롭게 여기시는 것을 구하여라. 그러면 이 모든 것도 곁들여 받게 될 것이다." (마태 6:33)

우리가 예수님의 제자가 되는 것을 배우기 전에 이미 우리는 하느님의 자녀입니다. 하늘에 계신 사랑 많은 아버지께서는 이 여정에서 우리와 동행하기를 기뻐하십니다.

생각해 볼 문제 - 제3장: 예수님의 가르침

이 장은 예수님의 구체적인 가르침에 초점을 맞춥니다. 가르침의 핵심은 한 문장으로 요약됩니다. "의는 하느님의 나라의 표징이자, 임무이며, 목표입니다." 다양한 성서 번역본을 읽으며 질문을 함께 생각해 봅시다.

마태오 복음 5장

이 장은 예수님의 가장 잘 알려진 가르침인 산상수훈을 담고 있습니다. 산상수훈은 입에서 입으로 기억되며 전해진 예수님의 가르침을 복음서 저자들이 신중하게 구성한 것으로 볼 수 있습니다.

- 팔복(八福)은 교회의 역사 속에서 거룩한 위로, 혹은 영적 훈련으로 해석되어 왔습니다. 당신은 어떻게 읽고 해석하고 있습니까?
- 산상수훈에 따르면, 제자가 되기 위해 필요한 자질은 무엇일까요?
- 하늘 나라(하느님 나라)의 특징은 무엇입니까?
- 우리에게 "천국"은 내세를 암시할 수 있습니다. 그러나 유대인에게 이 말은 하느님과 동일한 의미였습니다. 유대 전통은 하느님의 이름을 직접적으로 언급하는 것을 피했기 때문입니다. 그렇다면, "하느님 나라"는 당신에게 무엇을 의미합니까?
- 팔복이 보여주는 가치는 당시 그리스도교가 있었던 시대의 가치와 어떤 점에서 대조됩니까? 오늘날 사회의 일반적인 것들과는 어떻게 다른가요?
- 이러한 가치와 태도를 실천할 때, 우리는 세상에 어떤 변화를 가져올 수 있을까요?
- 당신의 교회 공동체는 어떻게 세상에 '소금'(맛, 생기)과 '빛'(방향, 명료함)을 주고 있습니까? 당신은 누구에게 빛과 소금입니까? 누가 당신의 빛과 소금인가요?
- 산상수훈이 종교적인 삶과 교회 공동체에만 적용된다는 주장에 동의하시나요?

마태오 복음 6장

예수님의 가르침은 종교적 의무와 개인적 경건으로 구체화됩니다. 자선, 기도, 금식이 중심 주제로 제시되며, 이 장에서 우리는 '주님의 기도'를 만납니다.

- 의로움과 경건은 각각 어떤 의미를 가집니까? 그것들은 어떻게 비슷하거나 다릅니까?
- 마태오 복음 6:9-13과 루가 복음 11:1-4의 주님의 기도를 비교해 보십시오. 이 두 기도문은 어떻게 비슷하며, 어떤 점에서 다릅니까?
- 예수님께서는 몇 번이나 '염려하지 말라'고 말씀하셨습니다. 염려는 어떻게 우리를 진정한 우선순위로부터 눈을 돌리게 하나요? 어떻게 우리의 눈을 흐리게 하나요? 염려는 어떻게 '땅에 재물을 쌓는 것'과 연결됩니까?
- 돈을 사랑하면서 하느님을 사랑할 수 있을까요?
- 오늘날 우리는 금식과 자선, 기도를 어떻게 이해하고 있습니까? 이것들이 '헌신' 혹은 '선행'으로써 여전히 필요한가요?

마태오 복음 7장

산상수훈을 통해 우리는 하느님과의 바른 관계인 '의'가 타인과의 바른 관계를 전제로 한다는 것을 알 수 있습니다.

- 예수님은 왜 피해자들에게 정당한 보상 요구 권리('눈에는 눈, 이에는 이')를 포기하라고 요구하십니까? 당신에게는 이것이 얼만큼 어려운 일인가요?
- 마르틴 루터는 산상수훈에 담긴 그리스도의 법을 누구도 완전히 지킬 수 없다고 보았습니다. 그는 이 법을 규칙이 아니라, 인간의 죄와 결핍을 비추는 '거울'로 보았습니다. 이 견해에 대한 당신의 생각은 무엇입니까?
- 당신이 인생에서 선택한 '좁은 문'은 어떤 것이 있습니까? 그 선택이 당신과 타인, 하느님을 이해하는 데 어떤 성장을 가져왔습니까?

마태오 복음 10장과 사도행전 15장

마태오 복음 9장과 10장에서 제자들은 예수님의 행동을 본받아야 합니다. 그들은 예수님처럼 봉사하고, 아무것도 가지지 않고 다니며, 현지인들의 환대에 의지해야 합니다.

- 마태오 복음 10:1-15에 제시된 제자의 길을 보고, 이를 위해 어떤 개인적 자질이 필요한지 생각해 봅시다. 그리고 이것을 마태오 복음 5:3-11과 비교해 보세요.
- 1세기 선교 지침은 오늘날 얼마나 폭넓게 적용될 수 있을까요? 이 지침들이 오늘날 교회와 개인의 삶에 어떤 원칙을 제시하고 있습니까?
- 오늘날 교회와 선교에서 포용성을 어떻게 이해하고 실천해야 할까요?
- 예수님께서는 왜 제자들에게 아무것도 가지고 다니지 말라고 하셨을까요?

마태오 복음 13장

예수님은 비유를 통해 하느님의 나라의 본질을 설명하십니다.

- 이 비유에 반복해서 등장하는 이미지는 무엇입니까?
- 예수님의 가르침에 대해 사람들은 어떤 반응을 보였나요?
- 믿음은 예수님을 이해하는 데 어떤 방식으로 도움을 줄 수 있을까요?
- 진리를 보고 듣고도 이해하지 못하는 것이 어떻게 가능한가요? 우리 삶에서 하느님의 말씀을 의미 있게 듣지 못하게 하는 방해 요소는 무엇입니까?

마태오 복음 18:1-35

예수님의 네 번째 가르침은 리더십, 겸손, 용서에 대한 내용을 담고 있습니다.

- 왜 교회 지도자의 첫 번째 자들은 '겸손'이어야 할까요?
- 왜 지도자들은 어떤 대가를 치르더라도 '화해'를 추구해야 할까요?
- '어린아이 같은 것'과 '유치한 것'의 차이는 무엇입니까? 예수님께서 말씀하신 어린아이 같은 것은 어떤 것이며, 이를 어떻게 회복할 수 있을까요? 이를 위해 가족이나 공동체의 어린이들이 어떤 도움을 줄 수 있을까요?

- 사람들은 왜 교회를 떠난다고 생각하시나요? 그들이 다시 돌아올 준비가 되도록 하려면 어떤 종류의 돌봄(사목)이 필요할까요?
- 그리스도교 공동체에서 용서는 왜 중요할까요?

마태오 복음 24-25장

예수님의 다섯 번째이자 마지막 가르침은 미래에 대한 내용을 다룹니다. 여기에는 악의 멸망과 선의 승리를 그리는 구약의 묵시 문학이 많이 차용됩니다.

- 예수님께서 난리와 전쟁 소문, 각종 자연재해를 '산고'로 설명하신 것에 관한 당신의 생각은 무엇입니까? 우리 삶에 혼란이 찾아올 때, 우리는 보통 어떻게 반응하나요? 혼란이 새로운 시작의 전조임을 믿는 것이 우리를 낙심하지 않게 할 수 있을까요?
- 24장 14절은 악행, 전쟁, 기근 등 여러 재난 가운데 우리가 무엇을 해야 한다고 말하고 있습니까? 예수님은 복음이 온 세상에 어떻게 선포되기를 바라셨나요? 오늘날의 교회는 예수님께서 말씀하신 평화의 메시지를 세상에 얼마나 잘 전달하고 있습니까?
- 예수님의 모든 가르침을 통해 우리가 삶에 적용하고 배울 수 있는 것은 무엇입니까?
- 저자는 몇 가지 사건(예: 9.11 테러, 이라크-아프가니스탄 전쟁, 펜실베이니아의 니켈 마인즈 사건 등)을 언급합니다. 이러한 사건들을 통해 하느님의 정의와 자비를 어떻게 묵상할 수 있을까요? 오늘날 우리는 악을 행하는 자들과 우리를 적대하는 자들에게 어떻게 대응해야 할까요?

제4장

예수님을 반대하는 사람들

지도자들은 종종 자신이 맞서 싸운 적의 수준에 따라 명성을 얻게 됩니다. 예를 들어, 조지 워싱턴은 신생 대륙군Continental Army을 이끌어 영국군을 물리치고 미국의 독립을 이끌어낸 공로로 국가적 영웅으로 추앙받고 있습니다. 존 F. 케네디는 쿠바 미사일 위기 당시 소련의 니키타 흐루쇼프에 단호히 대응하여 핵전쟁의 위기를 해소함으로써 강력한 지도자로 기억되고 있습니다. 이처럼 지도력은 종종 극복해야 할 도전과 과제에 의해 정의됩니다.

투투 대주교는 남아프리카공화국에서 인종차별 제도를 법적으로 제도화한 아파르트헤이트apartheid 체제에 맞서 용감히 저항하며 모든 민족의 평등한 권리를 쟁취했고, 이로 인해 노벨 평화상을 수상했습니다. 캘커타의 마더 테레사는 인도의 빈곤층과 임종자들을 그리스도의 마음으로 섬기며 전 세계적으로 자비의 성인으로 존경받았습니다. 이처럼 지도자들의 명성은 대적하는 적이 강할수록 더욱 빛을 발하며, 그들의 지도력은 도전이 클수록 더 큰 감동을 줍니다.

마태오 복음에서 예수님은 지혜로운 말씀과 적대적인 반대자들을 이기는 통찰력으로 하느님의 뜻을 가르치는 탁월한 스승임을 보여주십니다. 예수님은 법적 논쟁과 정치적 압박을 견뎌내셨으며, 이러한 극복 과정은 그분의 지도력을 더욱 특별하게 만듭니다. 예수님은 지혜로운 스승이자 자비로운 치유자였는데, 그럼에도 불구하고 왜 반대자들은 그분을 그토록 미워하고 죽이려 했을까요? 이러한 갈등은 예수님의 성품과 더불어 마태오 복음 저자가 교회 공동체를 위해 강조하고자 한 관심사들을 어떻게 드러내고 있을까요?

예수님은 탄생부터 죽음에 이르기까지 수많은 적대자들과 마주하셨습니다. 태어날 때에는 헤로데 대왕이 동방에서 온 박사들을 속여 예수님의 소재를 알아내어 죽이려 했습니다. 광야에서 40일을 보내실 때에는 악마가 교묘한 질문으로 예수님을 유혹하여 자신의 이익을 추구하도록 시도했습니다. 갈릴래아에서 명성을 얻게 되자, 바리사이파 사람들과 율법학자들은 예수님의 가르침을 훼손하고자 율법 위반 혐의를 씌우려 했습니다. 예루살렘에서는 대사제들과 장로들, 헤로데 당원들과 사두가이파 사람들이 바리사이파와 연합하여 예수님의 권위에 도전하고 함정을 파려 했습니다. 심지어 로마 총독 빌라도마저도 예수님의 죽음에 가담하게 되었습니다. 바리사이파는 예수님의 부활에 대해 제자들이 거짓말을 퍼뜨릴 것을 우려하여 무덤에 경비병을 배치하기까지 했습니다.

이러한 갈등 이야기는 반대자들의 위선과 사악함을 드러냄과 동시에 메시아이자 하느님의 아들로서, 그리고 하느님의 뜻을 가르치시는 분으로서 예수님의 성품과 능력을 보여줍니다. 더불어 이는 하늘 나라와 세상 간의 영적 충돌과 하느님과 악마 사이의 우주적 전쟁을 반영합니다. 성서학자 잭 킹스버리Jack Kingsbury는 예수님과 반대자들 사이의 끊임없는 투쟁이 마태오 복음 서사의 전개를 이끌어간다고 주장합니다. 강력한 치유자이자 지혜로운 스승이신 예수님이 유대 지도자들에게 거부당하는 과정이 마태오 복음 이야기의 중심입니다. 이러한 반대와 적대감은 하느님의 아들이 십자가에서 돌아가시게 된 이유와, 그럼에도 불구하고 하늘 나라 복음이 모든 민족에게 전파된 과정을 설명합니다. 마태오 복음 저자는 이러한 갈등을 통해 독자들에게 무엇을 가르치고자 했을까요?

헤로데 왕

루가 복음에서는 예수님의 탄생이 기쁨의 사건으로 묘사됩니다. 천사들이 하늘에서 기쁨의 찬송을 부르고, 들판의 목자들은 구유에 누운 거룩한 아기를 보기 위해 서둘러 찾아갔습니다. 그러나 마태오 복음에서는 이 사건이 훨씬 더 어두운 분위기로 그려집니다. 헤로데 왕은 미래의 왕에 대한 소식에 위협을 느끼고 베들레헴의 수많은 아기들을 학살했습니다. 동방 박사들은 헤로데의 음모를 피해 다른 길로 돌아가야 했으며, 예수님의 성가정은 몇 년 동안 이집트에서 피난민으로 살아야 했습니다. 이 첫 번째 갈등은 하느님의 개입으로 해결됩니다. 정치 권력이 아기 예수님을 없애려 했지만, 하느님께서는 그를 보호하셨습니다. 헤로데 왕의 영아 학살은 지배와 통제를 목표로 하는 정치 권력의 잔혹함을 보여줍니다. 그러나 하느님의 보호는 그분의 사랑과 은혜를 통해 예수님을 지키셨음을 증명합니다. 이는 하느님께서 예수님을 위한 특별한 계획을 가지고 계셨기 때문입니다. 그 아기는 위대한 미래를 위해 예정된 분이었습니다. 예수님과 헤로데의 대립은 생명을 앗아갈 권한을 가진 정치 권력이라 할지라도, 생명을 주시는 하느님의 은혜를 훼손할 수 없다는 진리를 보여줍니다.

악마

예수님께서 하늘 나라를 위한 활동을 시작하시려 할 때, 또 다른 적대자와 마주하게 됩니다. 창세기 2장에서 아담과 이브를 유혹하여 하느님께 불순종하게 만든 거짓말쟁이 악마는, 이번에는 세 가지 교묘한 질문으로 예수님을 유혹하여 하느님의 구원 계획을 방해하려 했습니다. 당시 예수님은 광야에서 40일 밤낮으로 금식하신 후 배고프고 목마르며 지친 상태였습니다.

악마는 예수님의 육체적 필요를 걱정하는 척하며, 돌을 빵으로 만들어 배고픔을 채우라고 제안합니다. 이 제안은 겉보기에는 무해해 보였지만, 예수님은 하느님의 아들로서의 자신의 지위를 시험하려는 악마의 속임수를 간파하셨습니다. 만약 예수님이 이 제안을 받아들였다면, 신성을 증명할 수는 있었겠지만 동시에 하느님이 아닌 악마의 뜻에 순종하는 결과를 초래했을 것입니다. 예수님은 성서를 인용하며 악마를 단호히 반박하십니다. "사람이 빵만으로는 살지 못하고 야훼의 입에서 나오는 모든 말씀으로 살아야 한다."(신명 8:3) 이는 영적인 양식이 육신의 양식보다 중요하며, 하느님의 말씀을 따르는 것이 진정으로 옳은 일임을 보여줍니다.

다음으로, 악마는 예수님이 하느님의 말씀을 존중한다는 것을 알고 그를 예루살렘 성전 꼭대기로 데려가 성경 말씀(시편 91:11-12)을 인용하며 뛰어내려도 천사들이 보호할 것이라고 도발합니다. 그러나 예수님은 다시 성서를 인용하며 응수하십니다. "너희 하느님 야훼를 시험하지 못한다."(신명 6:16) 이 말씀은 광야에서 하느님의 보호를 의심하며 그분을 시험했던 이스라엘 백성의 불신을 상기시킵니다. 예수님은 하느님의 아들로서, 그분의 도움을 신뢰함으로써 하느님을 시험하지 않고도 충실할 수 있음을 보여주셨습니다.

마지막으로, 악마는 예수님을 높은 산으로 데려가 자신에게 절하고 경배하면 세상의 모든 나라를 주겠다고 약속합니다. 이에 예수님은 신명기 말씀(마태 6:13)을 다시 인용하며 악마를 꾸짖고 물리치십니다. "주님이신 너희 하느님을 경배하고 그분만을 섬겨라."(마태 4:10) 세상의 창조주이자 역사의 주관자로서 오직 하느님만이 경배와 찬양을 받을 자격이 있습니다. 하느님보다 우선시되는 그 어떤 것도 우상에 불과합니다.

광야에서 악마가 제시한 세 가지 유혹은 예수님의 사역 전반에 걸쳐 반복적으로 나타났습니다. 예수님은 수많은 사람들을 밤낮으로 치유하시며 지치셨고, 고라신과 벳사이다, 가파르나움과 같은 도시에서 거부당하신 후에는 띠로와 시돈 같은 이방 지역으로 물러가 쉬셔야 했습니다. 육체적 건강이 영적 안녕을 유지하는 데 중요했음을 보여줍니다. 또한, 예수님은 예루살렘 성전에서 상인들이 성전을 더럽히는 모습을 보고 분노하셔서 그들의 상과 의자를 엎으시며 기도의 집을 정화하셨습니다. 겟세마네 동산에서는 밤새 기도하신 후, 죄인들을 위해 십자가를 받아들이며 하느님의 뜻에 순종하셨습니다. 이는 예수님께서 오직 하느님만을 섬기셨음을 보여줍니다.

결국, 예수님의 사역 초기의 유혹 이야기는 우리가 육체적, 영적, 정치적 유혹을 어떻게 극복할 수 있는지를 가르쳐줍니다. 우리의 삶은 하느님과 악마 사이의 영적 전쟁의 일부입니다. 악마는 종종 우리의 필요를 걱정하는 척하며, 우리의 사욕과 교만, 야망을 부추겨 하느님을 신뢰하고 섬기는 데서 멀어지게 만듭니다. 그러나 예수님께서 보여주신 것처럼, 하느님의 말씀을 따르는 것이 유혹을 이기는 가장 좋은 방법입니다. 때로는 작은 타협이 '좋은 결과'를 가져올 것처럼 보일 수 있지만, 악마와의 거래는 쉽게 영적 위험으로 이어질 수 있습니다. 그리스도를 본받아 악마의 아름다운 거짓말 뒤에 숨겨진 추함을 간파하고, 세상의 우상숭배를 거부함으로써 우리는 하느님을 더욱 온전히 섬길 수 있을 것입니다.

바리사이파 사람들과 율법학자

마태오 복음에서 예수님의 가장 집요한 반대자들은 바리사이파 사람들이었습니다. 이들은 율법을 배우고 가르치는 데 헌신한 경건한 유대인 집단으로, 대부분 높은 교육을 받았으며 많은 이들이 율법학자로 활동했습니다. 바리사이파는 회당에서 모세의 자리에 앉아 성서를 가르치고, 종교적·시민적 삶을 다스리는 율법을 해석하며 공동체의 지도자로서 중요한 역할을 맡았습니다. 율법학자들은 사람들의 공적·상업적·시민적 문제를 처리하는 데 도움을 주어 사회 지도자로서 존경을 받았습니다.

마태오 복음은 바리사이파를 복합적으로 묘사합니다. 일부는 세례자 요한의 회개의 세례를 받아들였지만, 다른 이들은 자신의 특권과 명성을 유지하는 데 더 관심을 두었습니다. 예수님은 그들의 의로움을 인정하시며(마태 5:20), 제자들에게 그들이 가르치는 바를 따르되 그들의 행동을 본받지 말라고 말씀하셨습니다(마태 23:2). 그러나 동시에 그들의 가르침 중 일부를 주의하라고 경고하셨습니다(마태 16:6, 12). 바리사이파는 예수님의 가르침에 대한 주요 반대 세력이었으며, 그를 성전 권위에 대한 위협으로 여겨 죽이려는 음모를 꾸몄습니다.

바리사이파 사람들이 예수님께 처음으로 도전한 것은 그가 마태오의 집에서 세리들과 죄인들과 함께 식사하시는 장면에서였습니다. 세리들은 로마를 위해 일하며 유대인들을 착취하고 세금을 과다 징수한 탓에 경멸받던 존재로, 죄인으로 여겨져 종교적 이유로 기피 대상이었습니다. 식탁 교제는 개인적 관계를 상징하는 사회적 행위였기 때문에, 정결법을 중시하는 바리사이파는 예수님이 일탈자로 여겨지는 이들과 함께 식사하는 모습을 보고 충격을 받았습니다. 그들은 이를 근거로 예수님이 거룩한 사람일 수 없다고 판단했습니다. 그러나 예수님께서 세리 마태오를 제자로 부르심으로 그의 삶을 변화시킨 사실은 예수님의 사명을 분명히 보여줍니다.

> "성한 사람에게는 의사가 필요하지 않으나 병자에게는 필요하다 … 나는 선한 사람을 부르러 온 것이 아니라 죄인을 부르러 왔다."
>
> (마태 9:12-13)

이 갈등은 하느님에 대한 두 가지 상반된 관점을 드러냅니다. 배타적인 관점과 포용적인 관점입니다. 예수님의 사명은 이스라엘의 잃어버린 양들을 구원하는 것이었습니다. 자비로우신 하느님은 모든 자녀를, 특히 변화가 필요한 이들을 사랑하시기 때문입니다.

바리사이파는 또한 예수님의 제자들이 안식일에 곡식 이삭을 따먹는 행위에 분노했습니다. 그들은 이를 안식일에 노동을 금지한 율법을 위반한 것으로 간주했습니다. 또한 예수님이 안식일에 손 마른 사람을 치유한 것도 그들을 격분시켰습니다. 이에 대해 예수님은 다윗과 그의 동료들이 굶주림 때문에 하느님의 집에서 "거룩한 떡"을 먹었던 사건(1사무 21:1-7)을 인용하며 굶주린 제자들을 변호하셨습니다. 이 사건은 예수님께 자신이 성전보다 더 크다는 것, 하느님은 희생보다 자비를 더 사랑하신다는 것, 그리고 인자가 안식일의 주인이라는 것을 알리는 기회가 되었습니다. 손 마른 사람을 치유한 결정을 변호하기 위해, 예수님은 바리사이파 사람들에게 안식일에 양이 구덩이에 빠졌을 때 그것을 구하는 것이 옳은지 물으며, 한 인간이 양보다 얼마나 더 가치 있는지를 강조하셨습니다. 그는 안식일에 선을 행하는 것이 합법적이라고 선언하셨습니다. 이 두 사건을 통해 예수님은 바리사이파보다 성서를 더 깊이 이해하고 있음을 증명하셨습니다. 그는 가장 거룩한 법조차도 하느님의 자비를 드러내고 인간의 필요를 충족시키기 위해 존재한다고 가르치셨습니다.

율법은 하느님께서 위기에 처한 백성들을 돕기 위해 주신 선물입니다. 하지만 율법을 지키는 과정에서 인간의 고난을 잊어서는 안 된다는 것이 예수님의 핵심 메시지였습니다. 예수님의 설득력 있는 논증에 압도당한 바리사이파 사람들은 분노에 휩싸여 그를 없애기로 결심했습니다. 그들의 상처받은 자존심은 이후 모든 악의 근원이 되었습니다.

사람들이 예수님께 가한 가장 악의적인 비난 중 하나는 그가 귀신의 우두머리인 베엘제불과 결탁하여 귀신을 쫓아낸다는 것이었습니다. 이는 성경 율법에서 가장 큰 죄악으로 여겨지며 신명기에서도 강하게 정죄되는 행위입니다. 마르코 복음에서는 "예루살렘에서 온 율법학자들"이 이러한 비난을 했다고 전하지만, 마태오 복음에서는 "바리사이파 사람들"이 두 차례나 예수님을 베엘제불의 힘으로 귀신을 쫓아낸다고 비난합니다(마태 9:34, 12:24). 이에 대해 예수님은 두 가지 수사적 질문으로 반박하십니다.

첫째, "만약 사탄이 사탄을 쫓아낸다면, 그는 스스로 분열하는 것이 되는데, 그렇다면 그의 나라가 어떻게 설 수 있겠느냐?"고 물으십니다. 둘째, "만약 내가 베엘제불의 힘으로 귀신을 쫓아낸다면, 너희 바리사이파 사람들의 귀신 축출자들은 누구의 힘으로 귀신을 쫓아내는 것이냐?"고 되묻습니다. 더욱이 예수님은 자신이 하느님의 성령으로 귀신을 쫓아낸다는 사실을 밝히며, 그들에게 "성령을 거역해서 말하는 사람은 현세에서도 내세에서도 용서받지 못할 것"(12:32)임을 명심하라고 경고하십니다. 또한, 격렬한 논쟁 속에서 분노에 찬 언어를 사용하는 것은 단순히 관계를 해치는 것을 넘어 심각한 결과를 초래할 수 있음을 경고하셨습니다.

바리사이파 사람들은 또 다른 문제로 예수님을 비난했습니다. 그들은 예수님의 제자들이 식사 전에 손을 씻지 않아, 이른바 "조상들의 전통"(마태 15:2)에 따른 정결법을 어겼다고 불평했습니다. 이는 사소해 보이는 논쟁이었지만, 예수님은 이를 매우 심각하게 받아들이셨습니다. 그 이유는 바리사이파가 성경 외의 권위에 의존하며 자신들의 종파적 구전을 성서보다 더 존중했기 때문입니다. 예수님은 부모 공경이 십계명에 명시되어 있음에도, 바리사이파가 하느님께 돈을 바친 사람들을 부모 부양 의무에서 면제시킨다고 주장하는 그들의 태도를 비판하셨습니다. 이에 예수님은 그들을 "위선자"라 부르시며, 예언자 이사야의 말씀을 인용하여 인간의 규례만을 중시하는 그들의 행태를 꾸짖으셨습니다. 나아가 그들을 "소경이 소경을 인도"(마태 15:14)하고 있다고 정죄하셨습니다. 이 시점에서 예수님의 비판은 논리적 반박에서 열정적인 질책으로 변화합니다. 그는 바리사이파의 자기 의와 교만뿐 아니라 그들의 위선과 거짓됨을 강하게 책망하셨습니다. 이러한 긴장 관계는 점점 고조되어 본격적인 적대감으로 이어졌습니다.

예루살렘으로 향하던 여정에서, 일부 바리사이파 사람들은 이혼 문제를 두고 예수님을 시험하려 했습니다. 그들은 모세의 가르침과 예수님의 가르침을 대립시켜 논쟁을 유도하려 했습니다. 그러나 예수님은 창세기 2:24의 말씀, "남자는 부모를 떠나 제 아내와 합하여 한 몸을 이루리라"를 인용하시며, "하느님께서 짝지어 주신 것을 사람이 갈라놓아서는 안 된다"(마태 19:6)고 말씀하셨습니다. 예수님은 결혼을 하느님께서 직접 세우신 친밀한 관계로 정의하며 신실함으로 존중해야 한다고 주장하셨습니다. 이혼 증서는 모세가 완악한 백성들의 반항적인 마음 때문에 허용한 타협의 결과였음을 강조하며, 예수님은 음행의 경우를 제외하고는 이혼을 금하셨습니다(마태 19:9).

여기서 예수님은 성서 해석과 율법 판단에 있어 전문성과 지혜를 다시 한 번 보여주십니다. 새로운 모세로서의 권위를 가지고, 예수님은 여성에게 불리했던 쉬운 이혼을 허용한 모세의 규정을 뒤집으시며, 제자들에게 결혼의 거룩한 본질을 상기시키십니다. 결혼은 남자와 여자가 부모를 떠나 한 몸이 되는 것이며, 하느님께서 세우신 언약이기에 신실한 헌신을 통해 존중되어야 합니다.

예수님이 예루살렘에 계실 때, 바리사이파 사람들은 대사제들과 함께 그분의 권위에 도전합니다. 이에 예수님은 그들이 하느님의 나라를 빼앗길 것이라고 선언하시며, 시편 118편의 말씀, "집짓는 자들이 버린 돌이 모퉁이의 머릿돌이 되었나니"를 인용하여 그들의 완고함을 질책하십니다. 그들은 예수님이 자신들을 겨냥해 말씀하신다는 것을 깨닫고 더욱 분노했습니다.

최후의 시도로 그들은 예수님께 율법 중 가장 큰 계명이 무엇인지 묻습니다. 당시 성경에는 600개 이상의 법이 있었고, 사제들과 사두가이파, 바리사이파가 만든 수많은 전통적 규범들이 존재했습니다. 율법 교사들은 종종 이들 중 어느 계명이 가장 크고 중요한지에 대해 논쟁을 벌였습니다. 예수님의 대답은 다음과 같았습니다.

> "'네 마음을 다하고 목숨을 다하고 뜻을 다하여 주님이신 너희 하느님을 사랑하라.' 이것이 가장 크고 첫째가는 계명이다. '네 이웃을 네 몸같이 사랑하라'는 둘째 계명도 이에 못지않게 중요하다. 이 두 계명이 모든 율법과 예언서의 골자이다." (마태 22:37-40)

이 두 사랑의 계명은 하느님과의 수직적 관계와 이웃과의 수평적 관계를 모두 포함하며, 우리 삶의 모든 측면을 아우릅니다. 사랑이라는 덕목 위에 우리의 가치관과 행동을 기초하도록 하는 이 가르침은 너무나 단순하면서도 설득력이 있어, 그 누구도 예수님께 반박할 수 없었습니다. 마태오는 그날 이후 아무도 감히 예수님께 더 이상 질문하지 못했다고 전합니다.

예수님의 행적을 따라가 보면, 바리사이파 사람들은 그분이 가시는 곳마다 끊임없이 불평하고, 고발하며, 함정에 빠뜨릴 기회를 엿보았습니다. 그러나 예수님은 언제나 성경의 권위와 설득력 있는 논거를 통해 자신의 행동을 정당화하시고 가르침을 설명하셨습니다. 특히 율법과 관련된 문제에서 예수님은 학식 있는 반대자들을 늘 이기셨습니다. 이러한 논쟁과 갈등은 예수님께서 적대적인 상대를 얼마나 능숙하게 제압하셨는지를 보여줌과 동시에, 바리사이파의 무지와 편협함을 드러내기도 했습니다. 새로운 대결을 위한 무대가 마련된 것입니다.

23장에서 예수님은 바리사이파 사람들과 율법학자들을 향해 거리낌 없이 거친 말씀을 쏟아내십니다. 예수님이 좌절과 분노로 격분하시는 모습은 매우 드문데, 성전에서 환전상들을 쫓아내실 때를 제외하면 이러한 장면을 보기 어렵습니다. 이 장면에서 예수님은 일곱 가지 예언적 화를 선언하시며, 바리사이파와 율법학자들을 비난하십니다. 그들을 "위선자"와 "눈먼 인도자"라고 부르시며, 그들의 위선을 강하게 지적하십니다.

그리스어로 위선을 뜻하는 단어 휘포크리테스ὑποκριτής는 본래 연극 용어로, 무대에서 쓰는 가면이나 역할을 의미합니다. 예수님이 이 단어를 사용하실 때, 이는 모순, 가식, 부정직함을 암시합니다. 또한 "눈먼 인도자"라는 표현은 율법학자로서 바리사이파 사람들의 무능함과 거짓됨을 지적합니다.

예수님은 바리사이파를 비난하시며 세 가지 주요 부정적인 특징에 초점을 맞춥니다. 첫째, 그들의 허영심과 교만입니다. 그들은 경건함을 과시하기 위해 경문갑phylacteries을 넓히고 옷술을 길게 늘이며, 잔치에서는 높은 자리와 회당에서는 가장 좋은 좌석을 탐냅니다. 또, 시장에서 사람들에게 인사받기를 원합니다. 이러한 행위는 겉으로는 경건해 보이지만, 실제로는 하느님의 영광보다는 자기 과시에 목적이 있습니다. 둘째, 그들의 율법학자로서의 무능함입니다. 그들은 천국에 관심이 없을 뿐 아니라, 다른 사람들이 천국에 들어가는 것을 방해합니다. 또한, 박하와 회향, 근채의 십일조에는 철저하면서도 정의, 자비, 믿음과 같은 본질적인 문제는 소홀히 합니다. 하느님 앞에서 진정으로 중요한 가치를 사람들에게 가르치지 못한 것입니다. 셋째, 그들의 탐욕과 방종입니다. 그들은 돈에 탐욕스럽고, 개인적 행실에서도 방종하며, 하느님의 예언자들을 거짓으로 고발하고 의인들을 박해했습니다.

마태오가 바리사이파를 예수님의 가장 큰 반대 세력으로 묘사하는 이유는 무엇일까요? 바리사이파 사람들은 예수님의 급진적인 율법 해석에 특히 주목했을 가능성이 큽니다. 그들은 예수님의 가르침이 사람들을 잘못된 길로 이끌 수 있다고 판단하여, 어떤 대가를 치르더라도 이를 비판하고 예수님을 신뢰하지 못하게 만드는 것을 자신들의 의무로 여겼을 것입니다. 하지만 마태오가 그들의 적대감을 부각시킨 데는 또 다른 이유가 있습니다.

마태오 복음이 기록된 시기, 예수님 시대의 바리사이파 후계자들은 랍비로서 회당에서 율법을 가르치며 마태오 교회의 주요 반대자들이었습니다. 그들은 예수님과 그의 추종자들을 무법자이자 경건하지 않은 자로 규정하며 비난했습니다. 이러한 역사적 맥락에서 마태오는 성서 속 갈등 이야기를 통해 독자들에게 당시의 상황과 연관된 메시지를 전달하려 했습니다. 이러한 기록은 단순히 역사적 정보 제공을 넘어, 마태오의 교회가 당시에 직면한 현실적 도전을 반영하며 독자들에게 신앙적 연관성을 제시합니다.

마태오는 예수님과 바리사이파 사이의 긴장된 갈등을 상기시키며 세 가지 목적을 달성하고자 했을 것입니다. 첫째는 변증적 목적입니다. 이러한 논쟁과 갈등의 이야기는 성경에 대한 예수님의 전문성과 법적 논쟁에서의 지혜를 보여줍니다. 이는 마태오의 교회가 랍비들의 거짓 비난에 맞서 예수님에 대한 믿음을 옹호하는 데 중요한 역할을 했을 것입니다. 예를 들어, 예수님께서 세리와 죄인들과 친밀히 교제하신 것에 대해 바리사이파가 비난했을 때, 예수님의 대답은 마태오의 교회가 랍비들이 율법상 부정하다고 여기는 이방인들을 유대인 형제자매들과 동등한 하늘 나라의 구성원으로 받아들이는 것을 정당화하는 데 도움을 주었습니다. 또한, 예수님의 성경 해석은 마태오의 교회가 예수님의 계명이 율법과 예언자의 하느님의 뜻을 명확히 하고 성취하며, 최후 심판의 기준이 된다는 믿음을 설명해 줍니다.

둘째는 논쟁적 목적입니다. 마태오의 갈등 이야기는 바리사이파가 의로움 때문이 아니라 질투와 사리사욕으로 인해 예수님을 거부했다는 점을 부각시켜, 율법학자로서의 바리사이파의 신뢰성을 떨어뜨립니다. 마태오는 그들을 위선자, "눈먼 인도자", 살인자, 거짓말쟁이라고 부릅니다. 이러한 강도 높은 비난은 마태오 시대의 랍비들에 대한 중대한 고발이기도 합니다. 당시 랍비들은 제1차 유대인 전쟁 이후 회당 지도자로서 권위를 공고히 하며 공동체 생활을 회복하려는 사명을 맡고 있었고, 이를 위해 다른 반체제 그룹들을 공격적으로 억압했을 가능성이 큽니다.

셋째는 교훈을 전달하는 목적입니다. 율법에 관한 논쟁은 마태오 복음의 독자들에게 새로운 삶의 방식을 가르칩니다. 예를 들어, 안식일, 정결법, 이혼에 대한 예수님의 언급은 그리스도인들이 왜 일요일에 예배를 드리고, 일부 의식적 전통을 따르지 않으며, 쉽게 이혼을 허용하지 않는지를 설명하는 데 도움을 줍니다. 하느님 사랑과 이웃 사랑이 율법 중 가장 큰 계명이라는 예수님의 가르침은 방대한 성경과 전통의 내용을 요약하여 하느님의 뜻을 구체적이고 명확한 용어로 보여줍니다. 하느님을 사랑하고 이웃을 사랑하는 것은 그리스도인의 삶을 실천하는 데 있어 가장 중요한 지침이 됩니다.

대사제들과 원로들

예수님은 예루살렘에 계시는 동안 여러 방향에서 고조되는 적대감에 직면하십니다. 늘 반대하던 바리사이파와 율법학자들 외에도 많은 적들이 반대 진영에 합류합니다. 예수님이 성전에서 복음을 전하고 율법을 가르치며 병자를 고치실 때, 대사제들과 장로들은 즉시 그분께 도전합니다. "당신은 무슨 권한으로 이런 일들을 합니까? 누가 이런 권한을 주었습니까?"(마태 21:23)

대사제들과 장로들은 성전과 산헤드린을 통해 유대인들의 종교적, 민사적 문제를 감독하는 권위를 가진 사회적으로 인정받는 지도자들입니다. 따라서 예수님께서 하늘 나라의 이름으로 대담한 활동을 펼치실 때, 그들은 그분의 권위 주장의 정당성에 의문을 제기하는 것이 자신들의 특권이라 여깁니다. 이에 예수님은 세례자 요한의 권위에 대해 그들에게 대답을 요구하며 반문하십니다. 요한은 경건한 사람들 사이에서 부흥 운동을 일으켰던 존경받는 설교자이자 예언자였습니다.

> "요한은 누구에게서 권한을 받아 세례를 베풀었느냐? 하늘이 준 것이냐? 사람이 준 것이냐?" (마태 21:25)

이 질문에 그들은 곤란한 상황에 처합니다. "그 권한을 하늘이 준 것이라 하면, 왜 그를 믿지 않았느냐고 물을 것이고, 사람이 준 것이라 하면 군중이 요한을 예언자로 여기니 군중이 가만있지 않을 것이다"라고 의논한 끝에, 그들은 "모르겠습니다"라고 대답합니다. 이에 예수님은 이렇게 말씀하십니다.

> "나도 무슨 권한으로 이런 일을 하는지 말하지 않겠다."
>
> (마태 21:27)

예수님은 그들이 세례자 요한의 예언자적 권위를 인정하기를 꺼려한다는 것을 알고 계셨습니다. 요한의 권위와 마찬가지로, 예수님의 권위는 대사제들과 장로들의 권위와는 근본적으로 다릅니다. 그것은 기존의 역사적 전통과 체제를 전복시키는 성격을 띠고 있습니다. 예수님의 치유 능력과 급진적인 가르침은 기존의 마음, 가치관, 체계를 변화시킬 힘을 가지고 있으며, 그분의 지혜는 가장 학식 있는 경쟁자들조차 침묵하게 만듭니다.

하느님의 아들로서 긍휼히 여기시며 권위 있게 행동하고 말씀하시는 예수님은 예루살렘의 특권층을 불안하게 만듭니다. 그러나 예수님은 자신의 권위가 어디에서 오는지 그들에게 밝히기를 거부하십니다. 그 이유는 대사제들과 장로들이 세례자 요한의 예언자적 권위를 인정하지 않는다면, 예수님의 거룩한 권위를 받아들일 가능성이 없다는 것을 아셨기 때문입니다. 그들은 예수님을 받아들이기를 거부하며, 자신들이 공동체에 대한 권위를 독점하기를 원했습니다.

예수님은 대사제들과 원로들의 완고한 거부를 폭로하고 그들의 결정이 초래할 끔찍한 결과에 대해 경고하기 위해 세 가지 비유를 말씀하십니다(마태 21:28-22:14). 이 비유들에 이어지는 질문과 대답은 청중이 비유를 알레고리적으로 해석하도록 유도하고, 비유 속 등장인물들을 대사제들과 원로들과 연결 짓도록 만듭니다.

첫 번째 두 아들의 비유는 짧고 간결합니다. 첫째 아들은 아버지의 포도원에서 일하라는 부탁을 거절하지만, 나중에 후회하고 포도원에 갑니다. 반면 둘째 아들은 가겠다고 약속하지만 실제로는 가지 않습니다. 예수님은 대사제들과 원로들에게 물으십니다.

"이 둘 중에 아버지의 뜻을 따르는 아들은 누구냐?" (마태 21:31)

그들이 "맏아들입니다"라고 대답하자, 예수님은 세리와 창녀를 선한 아들에 비유하십니다. 그들이 세례자 요한의 말을 듣고 회개했기 때문입니다. 예수님은 그들이 하늘 나라에 들어갈 것이라고 선언하시며, 대사제들과 원로들은 그렇지 못할 것이라고 하십니다. 그들은 둘째 아들처럼 하느님께 입으로만 봉사했기 때문입니다.

악한 소작인들의 비유는 이사야 예언서에 나오는 포도원 비유를 바탕으로 합니다. 한 땅 주인이 포도원을 만들고 울타리를 두르고, 술틀을 파고, 망대를 세운 뒤 소작인들에게 세를 주고 떠납니다. 추수 때가 되자 주인은 자기 몫을 받아오라고 종들을 보냅니다. 그러나 소작인들은 세를 내기를 거부하며 종들을 붙잡아 때리고 죽이며 돌로 치기까지 합니다. 예수님의 청중과 마태오 복음의 독자들은 이 비유를 통해 주인이 하느님을, 포도원이 이스라엘을, 소작인이 이스라엘의 왕과 사제들을 상징한다는 것을 쉽게 알아차렸을 것입니다. 이사야 5장에서 이 비유는 이스라엘 백성을 위해 풍성한 축복을 준비하신 하느님의 은혜가 이스라엘 지도자들의 교만과 불의로 인해 헛되게 되었다는 심판의 신탁입니다. 이는 앗수르에 의해 이스라엘이 포위되고 포로로 끌려가는 역사적 사건을 예고하며, 하느님과의 언약이 깨어진 결과입니다.

마태오 복음에 더 확장된 이 비유에서, 예수님은 하느님의 인내를 강조하기 위해 새로운 요소를 추가하십니다. 포도원 주인은 아들을 보내 수확물을 거두어들이게 하지만, 소작인들은 그 아들을 붙잡아 죽이고 포도원 밖으로 내던집니다. 예수님은 주인이 악한 소작인들에게 어떻게 해야 하느냐고 묻습니다. 대사제들과 원로들은 "그 소작인들을 사형에 처하고, 포도원을 도조를 잘 내는 다른 사람들에게 주어야 한다"고 대답합니다. 그러자 예수님은 그들을 정죄하십니다.

> "잘 들어라. 너희는 하느님의 나라를 빼앗길 것이며, 도조를 잘 내는 백성들이 그 나라를 차지할 것이다." (마태 21:43)

대사제들과 원로들은 예수님이 자신들을 악한 소작인으로 지목하신 것을 깨닫고 그분을 잡으려 하지만, 군중이 예수님을 예언자로 여기고 있었기 때문에 손을 대지 못합니다(마태 21:46). 그들은 마음을 더욱 완고하게 하고 예수님을 받아들이기를 거부합니다. 그러자 예수님은 한 가지 비유를 더 말씀하십니다.

혼인 잔치의 비유에서 한 왕이 자기 아들의 혼인 잔치를 계획하고, 잔치 날짜가 다가오자 종들을 보내 초대받은 손님들에게 잔치에 오라고 알립니다. 그러나 손님들은 여러 가지 핑계를 대며 초대를 무시합니다. 어떤 이들은 왕의 종들을 붙잡아 학대하고 죽이기까지 합니다. 이에 격분한 왕은 군대를 보내 살인자들을 진멸하고 그들의 도시를 불태웁니다. 그리고 종들에게 거리로 나가 만나는 모든 사람을, 선한 자나 악한 자를 가리지 않고 모두 잔치에 초대하라고 명령합니다.

마태오 복음의 초기 독자들에게 이 비유는 충격적이었을 것입니다. 1세기 말에 살았던 그들은 이 비유의 특정 세부 사항이 70년에 있었던 예루살렘 파괴와 맞물린다고 보았을 것입니다. 왕은 하느님을, 왕의 아들은 예수 그리스도를, 혼인 잔치는 메시아적 구원의 축하를 상징한다고 해석했을 것입니다. 왕의 초대를 거절하고 그의 종들을 학대한 초대받은 손님들은 예루살렘의 멸망에 책임이 있는 종교 지도자들을 나타냅니다. 반면 거리를 돌아다니며 초대받은 손님들은 은혜로 하느님의 구원에 참여한 이방인 그리스도인들을 상징합니다. 예루살렘의 폐허를 바라보며 이 비유를 읽은 마태오 복음의 독자들은 하느님의 구원과 심판에 대해 깊이 성찰했을 것입니다. 하느님에 대한 반역은 거룩한 도시의 멸망을 초래했습니다. 이는 이스라엘 역사에서 두 번째입니다. 그러므로 모든 사람은 하느님 앞에서 회개해야 합니다.

안타깝게도 후세의 일부 그리스도인 해석자들은 이 비유를 모든 유대인을 정죄하는 우화로 잘못 해석하며, 이를 반유대주의를 정당화하는 데 사용하기 시작했습니다. 아이러니하게도, 이 비유 속 악당인 처음 초대받은 손님들, 즉 하느님의 은혜를 거절하고 하느님의 백성을 박해한 자들처럼 그리스도인들이 행동하게 되는 상황이 벌어졌습니다. 그러나 이러한 반유대주의적 해석은 신학적, 도덕적 기준뿐만 아니라 주석적으로도 잘못된 것입니다.

마태오 복음의 비유는 루가 복음의 유사한 비유와 달리 행복한 결말로 끝나지 않는다는 점을 기억해야 합니다. 왕이 잔치에 참석한 손님 중에서 예복을 입지 않은 사람을 발견하자, 그를 잔치에서 쫓아내고 벌을 내립니다. 그런데 왜 마태오는 이 장면을 추가했을까요? 왕의 판단이 과연 공정하다고 할 수 있을까요? 길거리에서 초대받은 손님이 어떻게 예복을 준비했을 것이라 기대할 수 있을까요? 이러한 질문들은 비유를 해석하는 데 중요한 단서를 제공합니다.

우선, 이 비유는 유대인에 대한 정죄라기보다는 그리스도인에게 주어진 하느님의 은혜에 관한 이야기입니다. 새로운 손님들도 처음 손님들처럼 하느님께서 값없이 베푸신 은혜를 경시하거나 무시할 가능성이 있습니다. 마태오는 이방인 독자들에게 경고하기 위해 이 장면을 추가했습니다. 예복을 입지 않은 사람은 최후의 심판 때 하느님의 나라에서 쫓겨날 수 있다는 점을 강조하기 위함입니다. 예수님은 산상수훈에서도 이와 같이 경고하셨습니다.

> "나더러 '주님, 주님' 하고 부른다고 다 하늘 나라에 들어가는 것이 아니다. 하늘에 계신 내 아버지의 뜻을 실천하는 사람이라야 들어간다." (마태 7:21)

그렇다면 이 비유에서 예복은 무엇을 상징할까요? 해석의 역사를 살펴보면, 이에 대한 다양한 제안이 있었습니다. 요한 크리소스톰은 예복을 의로 해석했으며, 아우구스티누스는 자선으로 이해했습니다. 루터는 그리스도에 대한 믿음으로 간주했습니다. 이러한 해석들은 각각 부분적으로 옳을 수 있지만, 이는 마태오의 의도라기보다는 해석자들의 신학적 관점을 반영하는 것입니다. 마태오의 상징적 세계 안에서 이 예복의 의미를 이해하려면, 그의 복음서에서 자주 인용된 이사야 예언서로 돌아가야 합니다. 이사야는 다음과 같이 말합니다.

> "야훼를 생각하면 나의 마음은 기쁘다. 나의 하느님 생각만 하면 가슴이 뛴다. 그는 구원의 빛나는 옷을 나에게 입혀 주셨고 정의가 펄럭이는 겉옷을 둘러 주셨다. 신랑처럼 빛나는 관을 씌워 주셨고 신부처럼 패물을 달아 주셨다." (이사 61:10)

이사야에 따르면, 예복은 구원의 거룩한 은혜와 의로움으로 가득한 삶을 상징합니다. 마태오는 이 두 가지가 예수 그리스도를 받아들이고 따르는 것을 통해 가능하다고 제안합니다. 혼인 잔치 비유는 대사제들과 원로들에 대한 예언적 고발로, 그들이 하느님의 아들 예수님을 거부한 것이 하느님과 메시아에 대한 반역임을 보여줍니다. 또한, 그들은 이로 인해 발생할 무서운 결과에 대해 책임이 있습니다. 그러나 이 비유의 놀라운 결말은 마태오의 주된 관심사가 단순히 예루살렘 파괴에 대한 역사적 책임을 묻는 것이 아니라, 최후의 심판에 대한 경고를 독자들에게 전달하는 데 있음을 분명히 드러냅니다.

그리스도인들은 은혜로 하늘 나라에 들어가지만, 최후의 심판에서 살아남으려면 구원의 옷과 의의 겉옷을 갖추어야 한다는 것을 기억해야 합니다. 따라서 마태오에게 이 비유는 단순히 회당에 대한 고발이 아니라, 교회에 대한 훈계로 이해됩니다. 이를 강조하며 마태오는 예수님의 말씀을 인용하여 비유를 끝맺습니다.

"부르심을 받은 사람은 많지만 뽑히는 사람은 적다." (마태 22:14)

교회의 구성원이 되는 것만으로는 최후 심판에서 살아남는 것이 보장되지 않습니다.

또한, 예수님은 대사제들과 원로들뿐만 아니라, 그분을 시험하고 신뢰를 떨어뜨리려는 다른 종교 지도자들의 공격에도 직면하십니다. 정치적으로 영향력이 큰 헤로데 당원들은 카이사르에게 세금을 내는 문제를 가지고 예수님을 함정에 빠뜨리려 합니다. 만약 예수님이 세금을 내는 것이 합법이라고 말씀하신다면, 예언자로서의 신뢰와 유대인 추종자들의 호감을 잃게 될 것입니다. 반대로, 세금을 내는 것이 합법이 아니라고 말씀하신다면, 반역죄로 로마 당국에 고발될 위험이 있었습니다. 예수님은 그들의 양자택일을 피하며 말씀하십니다.

> "카이사르의 것은 카이사르에게 돌리고, 하느님의 것은 하느님께 돌려라." (마태 22:21)

이 대답은 정치적으로 통찰력 있고 신학적으로 건전합니다. 이 말씀으로 인해 누구도 예수님을 카이사르에 대한 반역죄로 고발할 수 없었습니다. 동시에, 모든 것이 하느님께 속해 있으므로 사람이 하느님을 공경해야 한다는 점을 분명히 하셨습니다. 이 현명한 대답으로 예수님은 정치적 함정을 벗어나셨습니다.

이어 사두가이파는 부활에 관한 또 다른 질문으로 예수님을 곤경에 빠뜨리려 합니다. 그들은 한 여자가 일곱 형제와 차례로 결혼했으나 모두 죽었다는 가정 아래, 부활 때 그 여자의 남편은 누구인지 묻습니다. 이를 통해 모세의 수혼법과 부활 사상을 대립시키려 했습니다. 예수님은 그들의 거짓된 논리적 이분법에 걸려들지 않으시고, 인간의 논리를 넘어선 하느님의 더 높은 권능에 호소하십니다. 예수님은 부활 때 사람들이 하늘의 천사들과 같아지며, 남편과 아내의 관계에 얽매이지 않을 것이라고 말씀하십니다. 또한, 살아 계신 하느님은 죽음을 넘어 생명을 주시는 분임을 강조하십니다.

마지막으로 한 율법학자가 예수님을 시험하며, 어느 계명이 가장 큰 계명이냐고 묻습니다. 이에 예수님은 이렇게 대답하십니다.

> "네 마음을 다하고 목숨을 다하고 뜻을 다하여 주님이신 너희 하느님을 사랑하여라.' 이것이 가장 크고 첫째 가는 계명이고, '네 이웃을 네 몸같이 사랑하여라.' 한 둘째 계명도 이에 못지않게 중요하다." (마태 22:37-39)

그리고 예수님은 이 두 계명이 “모든 율법과 예언서의 골자”(마태 22:40)라고 덧붙이십니다. 이 답변은 율법학자의 찬사를 받았으며, 예수님이 교리와 율법, 성서를 완벽히 이해하고 하느님의 뜻을 올바르게 가르치는 뛰어난 교사임을 입증합니다.

이 세 차례의 언쟁은 예수님이 모든 반대자들보다 지혜롭고 탁월하심을 보여줍니다. 또한, 이러한 시험들은 안티오키아 회당에서 온 반대자들로부터 도전을 받을 때, 예수 그리스도를 주님으로 믿는 마태오 공동체의 믿음을 강화하는 계기가 되었습니다.

아무도 예수님의 가르침에서 흠을 찾을 수 없었기에, 대사제들과 원로들은 마침내 거짓 증언에 의지하기로 합니다. 그들은 예수님을 강제로 체포한 뒤 대사제 가야파 앞에서 재판에 넘깁니다. 거짓 증인을 찾으려 했지만, 제대로 된 증인을 확보하지 못합니다. 결국 두 사람이 예수님이 성전을 파괴하려 했다고 고발하지만, 예수님은 심문 동안 침묵을 유지하십니다. 그러나 가야파가 “네가 메시아, 즉 하느님의 아들이냐?”라고 묻자, 예수님은 “그것은 네가 말하였다”(마태 26:64)라고 대답하며 암묵적으로 이를 인정하십니다. 즉시 산헤드린은 예수님을 신성모독죄로 판결하고 사형을 선고합니다. 이 재판은 예수님과 예루살렘 지도자들 사이의 갈등이 극단으로 치닫는 모습을 극적으로 보여줍니다. 대사제들의 비열한 행동은 예수님의 반대자들이 얼마나 악의적인지 드러냅니다. 또한, 이 사건은 빛과 어둠 사이의 갈등이 삶과 죽음의 지점에 이르렀음을 상징적으로 표현합니다.

로마 총독 빌라도

로마 통치 아래 대사제들과 원로들은 사형을 집행할 권한이 없었습니다. 그래서 그들은 예수님을 결박하여 로마 총독 빌라도에게 넘겼습니다. 대사제들과 원로들은 빌라도를 설득하며 예수님이 사형에 처해져야 한다고 주장했고, 이에 따라 또 다른 재판이 열렸습니다. 빌라도가 예수님께 "당신이 유다인의 왕인가?"라고 물었을 때, 예수님은 "그것은 네 말이다"(마태 27:11)라고 대답하며 이를 암시하셨습니다. 그러나 대사제들과 원로들의 다른 고소 내용에 대해서는 침묵하셨습니다.

빌라도는 그들의 고소가 신빙성 있는 증거가 아니라 시기심에서 비롯되었음을 간파했습니다. 그래서 그는 유월절에 죄수 한 명을 석방하는 관례를 이용해 예수님을 풀어주려 했습니다. 그러나 대사제들과 원로들은 군중을 선동하여 바라빠를 석방하고 예수님을 처형하라고 요구하게 만들었습니다. 폭동이 일어날 것 같은 압박 속에서 빌라도는 결국 그들의 요구를 받아들였습니다. 그는 군중 앞에서 손을 씻으며 자신의 결백을 주장했지만, 이는 총독으로서 정의를 지키지 못한 행위였습니다. 빌라도는 예수님을 십자가에 못박는 데 정치적 권한을 제공하며, 잘못임을 알면서도 이 음모에 가담한 공범이 되고 말았습니다.

예수님의 재판에 관한 한 가지 기록은 해석의 역사에 엄청난 영향을 끼쳤으며, 유대-그리스도교 관계에 심각한 결과를 초래했습니다. 마태오 복음에서 이렇게 서술합니다.

> **"군중은 "그 사람의 피에 대한 책임은 우리와 우리 자손들이 지겠습니다." 하고 소리쳤다."** (마태 27:25)

여기서 '군중'을 뜻하는 그리스어는 재판 현장에 있던 사람들을 가리키는 oxlos(군중)가 아니라, 민족이나 하느님의 백성을 의미할 수 있는 laos(백성)입니다. 더구나 '모든'이나 '전체의'를 의미하는 pas가 추가되면서, 마치 유대 민족 전체가 예수님의 죽음을 요구했으며 그 책임을 자처한 것처럼 읽힙니다. 자신과 후손들에게 피의 저주를 걸겠다는 맹세는 어떤 사람의 죽음에 대해 완전한 책임을 진다는 의미로 해석됩니다.

마태오 복음 27장 25절은 유대 민족 전체가 예수님을 죽이는 데 집착한 나머지, 영원하신 하느님 앞에서 자신들과 후손들의 생명까지 저주로 내걸었다고 읽힐 수 있습니다. 제1차 유대 전쟁으로 70년 예루살렘이 멸망한 것을 감안할 때, 많은 그리스도교 해석자들은 이 자기 고발적 저주가 전쟁의 결과로 성취되었다고 믿었습니다. 문제는 이 구절이 후대에 반유대주의를 정당화하는 근거로 사용되었다는 점입니다. 마태오가 '군중들' 대신 '온 백성'이라는 표현을 사용함으로써, 모든 유대인이 예수님을 거부한 것처럼 해석될 여지를 남겼습니다. 하지만 이 구절이 유대 민족 전체가 영원히 정죄받아야 한다는 것을 의미할까요? 이 재판 이야기가 반유대주의를 정당화하는 데 사용될 수 있을까요?

결론은 명확합니다. 마태오는 유대 민족 전체를 정죄하고자 한 것이 아닙니다. 그의 의도는 예수님의 죽음에 대한 인간의 책임을 강조하는 동시에, 특정 민족이나 집단을 영원히 정죄하려는 것이 아니었습니다. 민족적 차별과 종교적 편견은 결코 정당화될 수 없으며, 마태오의 기록 또한 그러한 해석을 지지하지 않습니다.

첫 번째 이유는 마태오의 민족적 정체성과 관련이 있습니다. 마태오 자신이 유대인이었고, 그의 교회 구성원 대부분도 유대인이었기에, '민족 혐오'라는 좁은 의미에서 반유대적이거나 반셈족적일 이유가 없었습니다. 두 번째 이유는 그의 종교적 이해와 관련이 있습니다. 마태오는 예수님이 그리스도라는 신앙을 가지고 바리사이파 랍비들과 회당의 지도자들과 논쟁을 벌였지만, 하느님께서는 언약에 신실하시며 이스라엘 집의 "잃어버린 양들"을 돌보신다고 믿었습니다. 예수님은 주로 유대인들 가운데에서 제자들을 부르시고 추종자들을 모으셨으며, 제자들은 유대인을 포함한 "모든 민족"을 제자로 삼으라는 사명을 받았습니다. 마태오에게 있어 하늘 나라를 상속받을 새로운 "백성"은 민족성이 아닌 의로운 행실의 열매로 규정됩니다. 유대인이든 이방인이든 모두 혼인 잔치에 초대받은 것입니다.

세 번째이자 가장 근본적인 이유는 해석학적인 맥락입니다. 마태오는 "온 백성"과 "피의 저주"를 예레미야의 성전 설교와 그의 재판(예레 26:1-24)을 바탕으로 이해했다고 볼 수 있습니다. 예레미야는 유다의 성읍들을 꾸짖으며, 그들이 하느님의 율법대로 행하지 않았기 때문에 하느님께서 성전을 황폐하게 하시고 예루살렘을 모든 민족의 저주거리로 만드실 것이라고 예언했습니다. 이에 사제들과 예언자들, 그리고 "모든 백성"은 예레미야의 심판 예언에 분노하며 그를 죽여야 한다고 주장했습니다. 예레미야는 다음과 같이 말합니다.

> "나는 여러분의 손안에 있소. 그러니 여러분이 좋다고 생각하는 대로, 옳다고 생각하는 대로 하시오. 그러나 이것만은 알아 두시오. 여러분이 나를 죽인다면, 여러분 자신이 죄 없는 사람을 죽인 책임을 져야 하오. 이 성과 이 성의 시민이 책임을 져야 하오. 나는 틀림없이 야훼께 사명을 받고 온몸으로 이 모든 말을 여러분에게 전하여 주었을 뿐이오." (예레 26:14-16)

이 재판의 이야기는 예수님의 재판과 놀랍도록 유사합니다. 사제들과 예언자들(원로들), 고관들(빌라도), 거룩한 성에 대한 신성모독 혐의, 사형 선고, 무죄한 피, 피의 저주, 그리고 "온 백성"이라는 표현까지 유사합니다. 하지만 최종 판결에서는 대조를 보입니다. 마태오가 "온 백성"이 빌라도 앞에서 "피에 대한 책임"을 맹세했다고 기록한 것은 예수님이 무죄하며 그를 고소한 자들이 악의적이었다는 점을 강조하기 위해 예레미야의 재판 이야기를 비교 대상으로 끌어들인 것입니다.

마태오는 당시 모든 하느님의 백성이 회개하고 예수님을 받아들이기를 희망했을 것입니다. 이러한 암시를 통해 마태오는 예루살렘의 멸망이 하느님의 백성이 삶을 바꾸고 하느님의 축복을 다시 받을 수 있도록 하기 위한 징계이지 형벌이 아님을 제시했을 가능성이 있습니다. 다시 말해, 마태오의 목적은 예수님의 재판을 예레미야의 재판과 연결 짓는 것이었지, 특정 민족 집단 전체를 정죄하거나 유대인에 대한 차별을 정당화하려는 것이 아니었습니다. 마태오의 관점에서 예수님의 재판이 주는 교훈은 모든 사람이 무죄한 피를 흘리신 메시아이자 하느님의 아들인 예수님을 인정하고 죄 사함을 받는 것이 현명하다는 점입니다.

사형 선고를 받은 예수님은 로마 병사들에게 고문당하고 구경꾼들에게 조롱당하셨습니다. 예수님이 십자가 위에서 "유다인의 왕"이라는 죄목으로 처형된 것은 의미심장합니다. 이 표현은 동방에서 온 박사들이 아기 예수님을 찾을 때 사용했던 호칭과 동일합니다.

"유다인의 왕으로 나신 분이 어디 계십니까?" (마태 2:2)

이로써 예수님의 탄생에서 죽음까지 갈등의 이야기가 하나의 원을 이루게 됩니다. 예수님은 자신의 권력을 위협할 수 있는 모든 존재를 제거하려 했던 제국의 정치적 힘과 맞섰습니다. 그러나 예수님은 어린 시절 이집트에서 보호받았고, 죽음 이후에는 사흘 만에 영광스럽게 부활하셨습니다. 이 땅에서 가장 강력한 제국조차도 하느님의 구원 계획을 좌절시키거나 하느님의 아들을 위협할 수 없었습니다. 이러한 확신은 로마 제국의 박해에 직면했던 마태오와 초대 교회의 신앙과 사명을 굳건히 지켜주는 힘이 되었습니다.

이 장에서는 예수께서 많은 학식 있는 권력자들의 시험과 공격을 받으셨음을 보여줍니다. 바리사이파 사람들과 대사제들은 지도자 연합을 이루어 예수님의 가르침에 의문을 제기하고, 귀신 축출의 권위를 부정하며, 신성모독죄로 고발했습니다. 예수님의 새로운 모세로서의 당당한 권위와 하늘 나라에 대한 급진적인 가르침은 확립된 율법 전통에 심각한 위협으로 여겨졌습니다. 그들은 끊임없이 예수님의 신뢰성을 훼손하고 추종자들을 낙담시키려 했습니다.

정치적 영역에서도 예수님은 로마 제국의 권력 앞에 취약한 존재로 간주되었습니다. "유다인의 왕"으로서 예수님은 제국의 안보와 질서에 잠재적 위험으로 여겨져 십자가에 처형당하셨습니다. 영적 영역에서는 거짓된 약속으로 유혹하는 마귀가 가장 큰 대적이었습니다. 예수님께서 하늘 나라를 선포하고 인간의 몸과 영혼을 쇠약하게 만드는 악한 권세들을 무장 해제하시자, 마귀는 광야에서, 산꼭대기에서, 그리고 게쎄마니 동산에서 예수님을 유혹하려 했습니다.

오늘날에도 많은 예수님의 추종자들은 일상생활에서 온갖 반대와 유혹에 직면합니다. 어떤 이들은 그리스도인임을 고백한다는 이유로 국가 권력에 의해 박해받고 투옥됩니다. 또 어떤 이들은 예수님에 대한 신앙을 고백했다는 이유로 가족과 공동체로부터 배척당합니다. 또 다른 이들은 예수님의 신실한 제자로 살고자 할 때 억압적인 전통, 혼란스러운 이데올로기, 강력한 문화적 압박과 싸워야 합니다. 그리고 모든 그리스도인은 자신의 신앙을 증거하기 위해 매일 어디에 헌신할 것인지, 무엇을 우선순위에 두어야 하는지, 그리고 어떤 선택을 해야 하는지를 결정해야 합니다.

우리가 반드시 기억해야 할 점은 예수께서 항상 대적들을 이기셨다는 사실입니다. 강한 바람을 만날수록 연은 더 높이 날아오르고, 큰 파도를 만날수록 배는 더 멀리 나아갑니다. 이러한 갈등 이야기는 하느님에 대한 예수님의 절대적 충성, 영적 진실성, 그리고 비범한 지혜를 생생하게 보여줍니다. 또한, 이 이야기들은 권력과 이익을 숭배하는 세상에서 정의와 사랑을 위한 담대한 증인이자 예언자적 목소리로 섬기는 우리에게 좋은 본보기가 됩니다. 다시 말해, 갈등 이야기는 제자로서 우리가 본받을 수 있는 예수님의 인격적 특성을 드러냅니다. 마태오의 이야기에서 주목할 점은 예수께서 바리사이파와 대사제들을 책망하시는 방식을 제자들에 대한 경고로도 활용하셨다는 것입니다. 제자들은 심지어 자신들을 박해하는 자들로부터도 하느님과 올바른 삶의 방식에 대한 중요한 교훈을 배울 수 있습니다.

생각해 볼 문제 - 제4장: 예수님을 반대하는 사람들

이 장에서는 예수님의 적이나 반대자로 여겨질 수 있는 다양한 인물과 집단에 초점을 맞춥니다. 여기에는 당시의 종교 지도자들도 포함됩니다. 마태오 복음과 다른 성서 본문을 읽고 이 인물들이 예수님께 어떻게 적대감을 드러내는지 살펴봅시다.

- 헤로데 대왕 (마태 2:1-18)
- 악마 (창세 3:1-7, 마태 4:1-11)
- 바리사이파와 율법학자들 (마태 9:9-13, 15:1-20, 16:1-12, 23:1-36)
- 대제사장들과 원로들 (마태 21:23-46)
- 헤로데 안티파스 (마태 14:1-2, 루가 26:6-15)

예수님과 바리사이파 사이의 갈등은 마태오 복음 15:1-20에서 예수님과 제자들이 조상의 전통(성서에 기록된 율법을 해석하며 구전으로 전해진 관습)을 어기면서 더욱 격화됩니다.

- 바리사이파 사람들은 왜 예수님의 가르침에 대해 적대적이었을까요? 왜 예수님을 성전 권위에 대한 위협으로 보았을까요?
- 저자는 예수님의 가르침을 이렇게 표현합니다. "율법은 긴급한 상황에서 하느님의 백성에게 유익을 주기 위한 하느님의 선물이다. 하느님의 법을 지키는 데 집중하느라 인간의 고통을 잊어서는 안 된다." 이 말은 오늘날 어떻게 적용될 수 있을까요?
- 예수님이 비유와 분노로 바리사이파와 권력자들을 일부러 자극했다고 보십니까?
- "위선"이라는 단어는 여러분에게 어떤 의미를 지니나요?
- 마태오는 예수님과 바리사이파 사이의 충돌을 어떻게 변증적, 논쟁적, 교육적인 방식으로 묘사하고 있습니까?
- 왜 마태오 복음에서 예수님은 계속해서 다른 사람들에게 도전을 받습니까?
- 왜 예수님은 자신이 어디로부터 권위를 받았는지 밝히기를 거부하실까요?

마태오 복음 21:28-22:14, 이사야 5:1-7

예수님은 이스라엘의 심판에 관한 세 가지 비유로 가르침을 이어가십니다.

- 포도원 소작인의 비유와 이사야서에 나오는 포도밭의 비유를 비교해 봅시다. 어떤 점이 다르고, 어떤 점이 비슷한가요?
- 마태오 복음서의 세 가지 비유 중, 하느님의 부르심에 응답할 필요성을 가장 분명히 전달하는 것은 무엇입니까? 이 비유의 가르침을 당신의 영적 상황에 어떻게 적용할 수 있을까요?
- 하느님께서 교회에 보내신 일꾼들(34-36절)에게, 하느님의 아들 예수님(37-39절)께 우리가 저지르는 폭력은 무엇입니까?
- 오늘날 하느님의 초대는 사람들에게 어떻게 전해지고 있습니까? 교회는 이 초대를 전하는 데 어떤 역할을 하고 있습니까? 교회는 초대에 응답한 사람들이 '적절한 예복'을 갖추도록 돕는 일에 어떤 책임이 있을까요?

마태오 복음 26:1-56

예수님의 죽음을 둘러싼 빠른 전개에 앞서, 마태오는 26장의 처음 16절을 도입부로 제시합니다. 예수님께서는 자신의 죽음의 때와 방식을 차분하게 설명하시지만, 대사제들과 원로들은 불안하게 음모를 꾸밉니다.

- 여자가 예수님께 기름을 부은 시몬의 집은 이 사건에 어떤 의미를 부여합니까? 귀족들이 음모를 꾸민 장소(3-5절)와는 어떻게 대비되나요?
- 유다가 대사제들과 협력하기로 결정할 때 어떤 동기가 있었을까요? 그는 돈을 받으며 어떤 감정을 느꼈을까요? 그는 자신의 행동을 어떻게 정당화 했을까요?

마태오 복음 26:57-27:50

예수님의 재판은 세 단계로 묘사됩니다: (1) 산헤드린의 야간 재판, (2) 짧은 아침 재판, (3) 빌라도 앞 재판. 이 재판은 결국 십자가 처형으로 이어지며, 예수님의 반대자들은 그분의 죽음에 적극적으로 개입합니다.

- 산헤드린 구성원들은 메시아가 어떻게 행동하길 기대했을까요? 예수님의 침묵과 대응 방식은 어떤 메시아상을 보여주고 있습니까? 예수님의 침묵은 강함입니까, 약함입니까? 그 이유는 무엇인가요?
- 빌라도는 끝내 자신의 무죄를 주장합니다. 책임 회피와 중립 유지는 단호한 입장 표명과 어떻게 다른가요? 이것이 "마음은 간절하나 몸이 말을 듣지 않는다"(마태 26:41)는 예수님의 말씀의 예라고 볼 수 있을까요?
- 저자는 마태오의 재판 서술이 반유대주의를 정당화할 수 없다고 봅니다. 당신은 이 본문을 어떻게 이해합니까?
- 십자가에 달리신 예수님을 조롱한 세 집단은 누구입니까? 그들의 조롱과 모욕은 어떤 의미를 가지고 있습니까?
- 예수님께서 십자가에서 내려오셨다면 어떤 결과가 있었을까요? 예수님께서 실제로 그런 유혹을 느끼셨을까요? 왜 그렇다고 생각하십니까? 광야에서 악마에게 시험을 당하신 경험이 이 순간 어떤 도움이 되었을까요?

제5장

예수님을 따르는 사람들

아시아에서는 불교, 힌두교, 이슬람교, 그리고 민간신앙이 전통적이고 지배적인 종교로 자리 잡고 있는 반면, 그리스도교는 후발 주자로서 외래 종교로 여겨집니다. 필리핀과 한국을 제외하면, 그리스도교로 개종한 현지인들은 소수자에 속하며 종종 문화적 배신자나 사회 선동가로 멸시받습니다. 아시아의 그리스도인들은 서로를 지지하기 위해 긴밀한 사회적 집단을 형성하는 경향이 있지만, 전체 지역사회와의 관계는 대체로 긴장감과 불편함이 감돕니다. 그들의 개인적 신념은 용인될 수 있으나, 그들의 행동은 항상 감시 대상이 됩니다.

그리스도교 교리는 때로 일부 학자들의 관심을 끌기도 하지만, 도덕적 탁월성만이 그리스도교의 유익함과 타당성을 입증할 수 있는 유일한 방법으로 여겨지는 경우가 많습니다. 그리스도교 신앙은 하느님의 사랑과 삶의 변화를 강조하며, 이 두 가지는 잠재적 개종자들에게 가장 매력적인 개념으로 다가갑니다. 그러나 모든 그리스도인이 이러한 이상에 부합할 만큼 용서하고 사랑하며 관대한 것은 아닙니다. 그 결과, 반대자들은 "만약 그리스도인들이 천국에 간다면, 나는 차라리 지옥에 가겠다"고 말하기도 합니다. 이는 그리스도인들에게 있어 가장 강력한 비난일 수 있으며, 동시에 그리스도인의 정체성과 인격이 얼마나 중요한지를 보여줍니다. 그리스도인들이 자신을 무엇이라 주장하든, 예수께서 말씀하신 기준에 부합하여 살지 않는다면, 그들은 자신뿐만 아니라 하느님을 욕되게 하는 것입니다.

유럽과 북미에서도 그리스도인들은 유사한 도전에 직면하고 있습니다. 이 지역들은 그리스도교 신앙의 역사적 영향력이 급격히 감소하고 있는 문화권에 속합니다. 세속화는 유대-그리스도교적 하느님을 망각 속으로 몰아내고 있으며, 포스트모더니즘은 전통적 가치와 규범을 시대에 뒤떨어진 것으로 선언합니다. “그리스도교 신앙이 여전히 적실성을 지니고 있는가? 하느님을 믿는 것이 필요한가? 우리에게 예수님이 왜 중요한가? 교회의 가치는 무엇인가? 그리스도교 신앙이 우리의 삶의 방식에 대해 할 말이 있는가? 그것이 어떤 변화를 가져올 수 있는가?” 이러한 질문들은 그리스도인의 정체성과 인격이 여전히 중요한 이유를 되새기게 합니다.

그리스도인이 된다는 것은 무엇을 의미할까요? 전통적인 교리의 정의에 따라, 예수님을 그리스도이자 하느님의 아들로 믿는 사람을 뜻하는 것일까요? 아니면 가정과 직장, 사회에서 예수님의 사랑의 가르침을 실천하는 사람을 의미할까요? 그리스도인은 교회에 소속되어 예배에 참여하는 사람일까요, 아니면 예수님에게 매료되어 그의 사상을 연구하는 사람일까요? 우리가 어떤 정의를 선택하든, 두 가지 근본적인 질문을 제기하는 것이 중요합니다.

> “무엇이 그리스도인을 다르게 만드는가? 사람들은 왜 그리스도인이 되고자 하는가?”

그리스도인의 정체성을 명확히 이해하면, 그에 따라 어떻게 살아야 하는지도 알 수 있을 것입니다.

사람들이 그리스도인이 되는 이유는 각기 다릅니다. 어떤 이들은 기적과 같은 종교적 체험을 통해 하느님의 아들로서의 예수님을 만나 회심합니다. 또 다른 이들은 예수님의 가르침과 그의 추종자들에게 미친 영향력에 호기심을 느껴 더 알아보려는 결심을 하게 됩니다. 어떤 이들은 단순히 교회의 가족이나 친구들과 어울리기 위해 교회에 발을 들이게 되는데, 긴밀한 공동체에 속하는 것이 해롭지 않다고 생각하기 때문입니다.

그리스도인이 되는 데는 다양한 개인적 이유가 있겠지만, 모든 그리스도인은 자신의 신앙을 깊이 이해하고 성장시키기 위해 노력해야 합니다. 그리스도인이 된다는 것은 마음과 생각의 지속적인 변화를 요구하기 때문입니다. 이 과정은 결코 쉬운 길이 아닙니다. 예수님께서는 자신의 추종자들에게 죄 사함과 영원한 생명이라는 하느님의 축복을 약속하셨지만, 동시에 영적, 도덕적, 사회적 삶에서 높은 기준에 부합하여 살아갈 것을 요구하셨습니다.

예수님의 하늘 나라는 이 세상에 속하지 않기에, 그를 따르는 삶은 종종 세상의 통념이나 대중의 기대와 충돌합니다. 이는 소외나 배척을 감수해야 할 때도 있음을 의미합니다. 따라서 예수님의 추종자들은 그의 비전에 온전히 헌신하고, 그의 계명에 기꺼이 순종해야 합니다. 일상에서 예수님과 동행하기 위해, 그들은 항상 "예수님이라면 어떻게 하실까?"를 자문해야 합니다. 예수님의 이름을 믿거나 그의 가르침을 존경하는 것만으로는 충분하지 않습니다. 예수님처럼 생각하고 행동하며, 그의 제자가 되는 것이 진정한 그리스도인의 길입니다.

예수님를 따르는 이들

마태오는 자신의 복음서에서 예수님을 따르는 이들의 이야기를 전하며, 예수께서 "이 세상 모든 사람을 내 제자로 삼으라"(마태 28:19)고 명하신 지상 대명령으로 결론을 맺습니다. 그렇다면 마태오는 예수님을 따른다는 것과 제자도의 개념에 대해 무엇을 말하고 있을까요?

예수님은 카리스마 넘치는 분이셨습니다. 그는 자신감 있게 하늘 나라의 임박을 선포하고, 권위 있게 산상수훈을 가르치며, 능력으로 병자와 귀신 들린 자들을 고치셨습니다. 그가 어디를 가든 많은 사람들이 그를 따랐습니다. 그는 엘리야나 예레미야와 같은 예언자였을까요? 호기심 많은 사람들은 집이나 거리에서 그의 가르침을 듣고 기적을 보기 위해 모여들었고, 고통받는 이들은 밤낮으로 치유와 위로를 구하며 그에게 다가왔습니다. 배고픈 사람들은 그가 빵 다섯 개와 물고기 두 마리로 그들을 먹이신 후 그를 왕으로 삼으려 했으며, 빌라도의 법정에 있던 분노한 군중들은 대사제들과 원로들의 편에 서서 그의 십자가형을 요구했습니다.

예수님은 목자가 양 떼를 돌보듯 모든 이에게 긍휼을 베푸시며, 그들을 부르시어 자신을 따르라고 말씀하셨습니다.

> "고생하며 무거운 짐을 지고 허덕이는 사람은 다 나에게로 오너라. 내가 편히 쉬게 하리라. 나는 마음이 온유하고 겸손하니 내 멍에를 메고 나에게 배워라. 그러면 너희의 영혼이 안식을 얻을 것이다. 내 멍에는 편하고 내 짐은 가볍다." (마태 11:28-30)

그러나 그의 주변 군중 대부분은 그에게 합당한 반응을 보이지 않았으며, 그들의 마음은 흔들렸습니다. 오직 소수만이 예수님의 가르침에 깊이 감동받아 그를 따랐습니다. 이들 대부분은 이름 없는 사람들이었지만, 예수님과의 만남을 통해 변화된 그들의 삶은 독자들에게 중요한 메시지를 전합니다.

그 대표적인 예로, 가파르나움의 한 로마 백인대장이 있습니다. 그는 중풍으로 고통받는 자신의 종을 고쳐달라고 예수님께 간청했습니다. 예수께서 그의 집에 가겠다고 하셨을 때, 백인대장은 자신이 그런 수고를 받을 자격이 없다며, 예수께서 말씀만 하셔도 그의 종이 나을 것이라고 믿었습니다. 백인대장은 특별한 인물이었습니다. 그는 권위 있는 사람이면서도 종을 돌보는 주인이었고, 예수님 앞에서 자신을 낮췄습니다. 그는 또한 예수님께서 이방인의 집에 들어가 의식적 부정을 겪지 않도록 배려하려 했을지도 모릅니다. 무엇보다도 그는 멀리서도 병자를 고치실 수 있는 예수님의 능력을 믿음으로 신뢰했습니다. 예수께서 그의 믿음에 놀라워하시며 말씀하셨습니다.

"정말 어떤 이스라엘 사람에게서도 이런 믿음을 본 일이 없다."

(마태 8:10)

이 기적 이야기는 믿음의 결과로 그의 종이 치유되었음을 보여주는 모범입니다. 백인대장은 예수님을 따르는 이들에게 믿음의 본이 되었을 뿐만 아니라, "사방에서 모여 하늘 나라에서 아브라함과 이사악과 야곱과 함께 잔치에 참석할"(마태 8:11) 이방인들의 선구자가 되었습니다. 그의 사랑과 겸손, 그리고 믿음의 덕목은 하느님의 뜻을 저버린 "하늘 나라의 자녀들"을 부끄럽게 하여 회개하도록 강조되었습니다. 마태오에게 있어 이 이야기는 예수님의 제자들이 배우고 실천해야 할 교훈적이며 논쟁적인 두 가지 초점을 제시합니다.

또 다른 주목할 만한 예는 띠로와 시돈 지역의 가나안 여인입니다. 그녀는 예수님의 마음을 움직이며, 사랑과 인내, 겸손, 믿음의 성품으로 다른 이들을 능가하는 모습을 보여주었습니다(마태 15:28).

예수께서 고치신 여리고 성 밖의 두 맹인도 예수님의 능력이 사람들을 자신에게로 이끄는 또 하나의 사례입니다. 길가에 앉아 있던 그들은 예수께서 지나가신다는 소식을 듣고 자비를 구하며 크게 외쳤습니다. 무리가 그들을 꾸짖으며 조용히 하라고 했지만, 그들은 더욱 크게 부르짖었습니다. 이 끈질긴 외침을 들으신 예수께서 멈춰 서서 그들을 부르시며 물으셨습니다. "나에게 바라는 것이 무엇이냐?" 그들이 대답했습니다. "주님, 눈을 뜨게 해 주십시오." 예수께서 측은히 여기시며 그들의 눈에 손을 대시자, 그들은 즉시 눈을 뜨고 예수님을 따랐습니다(마태 20:32-34).

이 두 맹인은 군중의 제지에도 불구하고 끈질기게 예수님께 도움을 구했습니다. 로마 백인대장처럼 그들도 겸손하고 진실되게 예수님을 "주님"이라고 불렀으며, 이는 예수님의 긍휼을 이끌어냈습니다. 주목할 점은 그들이 치유받은 직후 예수님을 따르며 예루살렘으로 향했다는 것입니다. 그곳은 예수께서 배신당하고 고문받으며 십자가에 못 박히실 장소였습니다.

예수님을 따르는 이들이 공유하는 세 가지 주목할 만한 특성이 있습니다. 첫째는 사랑입니다. 그들은 친구, 가족, 그리고 자신을 사랑합니다. 그들의 사랑은 매우 강력하여 도움을 요청했을 때 거절당하거나 좌절을 겪을 때조차도 인내합니다. 이는 사랑이 하느님의 축복과 인간의 필요 사이에 존재하는 어떤 장벽도 극복할 수 있음을 보여줍니다.

둘째는 겸손입니다. 예수님을 따르는 이들은 그를 "퀴리오스"(주님)라고 불렀습니다. 이 단어는 그리스어로 영주나 상관, 왕과 같은 높은 지위를 지닌 사람을 가리키는 존칭입니다. 구약성경의 그리스어 번역본인 칠십인역에서는 하느님을 가리키는 히브리어 "아도나이"(주님)를 번역할 때도 이 단어를 사용했습니다. 따라서 예수님을 "주님"이라고 부르는 것은 그분의 우월성을 인정하며, 그의 거룩함을 고백하는 의미로도 해석될 수 있습니다. 그들은 자신들의 연약함을 인정하며, 예수님께서 도울 수 있음을 믿었습니다.

셋째는 믿음입니다. 그들은 예수님의 치유 능력을 깊이 신뢰했습니다. 백인대장이 중풍 든 종을 예수께서 직접 방문하지 않고도 말씀만으로 고칠 수 있다고 믿었던 것이나, 두 맹인이 자신의 목소리가 들리도록 끊임없이 애쓴 것은 예수님의 권위에 대한 놀라운 신뢰를 보여줍니다.

지속적인 사랑, 겸손한 복종, 그리고 흔들리지 않는 믿음은 예수님을 따르는 이들의 특징이며, 이들이 치유의 기적을 경험할 수 있었던 이유입니다. 흥미롭게도, 예수님을 따른 이들은 사회의 주변부에 속한 사람들이었습니다. 외국인, 맹인 등 멸시받고 억압받으며 병든 자들이었지만, 그들은 오히려 예수님의 치유를 받고 그를 따르게 되었습니다. 이들은 절박함 속에서 자신의 연약함을 인정하고, 예수님의 긍휼에 의지했습니다. 동시에 예수님에 대한 그들의 믿음이 하느님의 은혜를 받을 수 있는 길을 열어주었습니다.

예수님께 대한 그들의 겸손한 복종은 새로운 관계를 시작하게 했습니다. 이제 그들의 삶의 목적은 주님이신 예수 그리스도를 섬기는 데 있습니다.

예수님의 제자들

마태오는 예수님의 탄생부터 죽음과 부활까지의 전기를 기록하며, 그분이 얼마나 비범한 분이셨는지, 어떤 놀라운 가르침과 사역을 행하셨는지, 그리고 세상의 모든 이에게 그분이 얼마나 중요한 존재인지를 전합니다. 동시에, 마태오는 예수께서 군중들을 놀라게 하시고 추종자들을 이끄셨으며, 열두 제자를 훈련시키기 위해 애쓰셨음을 생생히 묘사합니다.

이야기 속 등장인물들 중에서, 대부분의 독자들은 갈릴래아에서 예루살렘까지 예수님을 따랐던 제자들과 자신을 동일시할 가능성이 높습니다. 신약학자 울리히 루츠가 지적했듯, 본문 속 제자들과 본문을 읽는 독자들 사이에는 "투명성"이 존재합니다. 그리스도인 독자들은 제자들과 특별한 유대감을 느끼며 그들의 이야기를 자신의 이야기로 받아들입니다. 예수께서는 생전에 갈릴래아에서 소수의 사람들만을 제자로 부르셨을 수 있지만, 부활 후에는 모든 믿는 자들이 세례를 받고 그의 가르침으로 훈련받아 제자가 되라고 명령하셨습니다. 따라서 복음서에서 제자들과 제자도에 대해 우리가 배우는 모든 내용은 마태오의 공동체뿐만 아니라 오늘날의 우리에게도 적용됩니다.

우선, 예수께서 어떻게 제자들을 선택하고 부르셨는지에 주목해 봅시다. 예수님의 충격적인 가르침과 기적에 감명받은 일부 군중은 그를 예언자로 인정하며 따르기 시작했습니다. 예수께서는 이들 중에서 열두 명을 선택하여 가족과 생계를 버리고 그의 제자가 되게 하셨습니다. 이는 당시의 다른 스승들과는 크게 달랐습니다.

그리스와 로마의 철학자들은 도시에서 학교를 열어 수업료를 지불할 수 있는 학생들에게 물리학, 논리학, 수사학, 도덕 원칙을 가르쳤습니다. 바리사이파 랍비들은 자발적으로 찾아온 학생들에게 자신의 집이나 예시바에서 율법을 가르쳤습니다. 그러나 예수님은 순회 교사로서 이곳저곳을 다니며 가르쳤으며, 그의 제자가 되고자 하는 사람들을 오히려 만류하기도 하셨습니다. 예를 들어, 제자가 되고자 한 한 율법학자에게 예수께서는 “여우도 굴이 있고 하늘의 새도 보금자리가 있지만, 사람의 아들은 머리 둘 곳조차 없다”(마태 8:20)고 말씀하셨습니다. 또 다른 사람이 아버지의 장례를 치르고 오겠다고 하자, 예수께서는 “죽은 자들의 장례는 죽은 자들에게 맡겨 두고, 너는 나를 따라라”(마태 8:22)고 하셨습니다.

예수님의 제자가 되는 것은 개인적 선택이 아니라 특별한 부르심입니다. 누구를 부를지는 예수께서 결정하시는 것이며, 이는 무엇보다도 예수님의 권위를 인정하는 것을 의미합니다. 제자도가 우리 자신의 선택이 아닌 하느님께로부터 받은 특권임을 상기시켜 줍니다.

예수께서 열두 명을 선택하신 이유는 무엇일까요? 마태오와 그의 공동체에게 숫자는 상징적이고 중요한 의미를 지녔습니다. 숫자는 하느님께서 하늘의 비밀을 계시하시는 또 다른 방식으로 여겨졌기 때문입니다. 예를 들어, 예수님의 족보에서 마태오는 아브라함부터 다윗까지, 다윗부터 바빌론 유배까지, 바빌론 유배부터 메시아의 탄생까지 각각 열네 세대가 있었음을 강조합니다. 이는 선택(아브라함과의 언약), 통일(다윗의 왕국), 징계(바빌론 유배), 구속(메시아의 도래)이라는 유다 역사 속 하느님의 개입을 상기시킵니다.

각 구간의 세대 수인 열넷은 일곱의 두 배이며, 일곱은 완전수로 여겨졌습니다. 이는 하느님께서 여섯 날 동안 세상을 창조하시고 일곱째 날에 쉬셨다는 성경적 전통과 연결됩니다. 또한 일곱은 삼(하늘, 땅, 지하세계)과 사(동서남북)의 합으로, 공간의 수직과 수평을 결합해 전체 우주를 상징합니다. 같은 이유로, 예수께서는 베드로에게 형제를 일흔일곱 번(또는 일곱 번씩 일흔 번) 용서하라고 하시며 완전하고 반복적인 용서를 강조하셨습니다. 마태오가 바리사이파와 율법학자들을 향해 일곱 가지 화를 선언한 것도 우연이 아닙니다. 이는 그들의 위선과 사악함을 완전히 정죄하기 위함입니다.

숫자 12는 어떤 상징적 의미를 가질까요? 일 년에 열두 달이 있고, 이스라엘 백성에게는 열두 지파가 있었습니다. 예수님의 사역이 이스라엘을 회개로 부르는 것이었다는 점을 감안할 때, 열두 제자를 부르신 것은 새로운 이스라엘의 창조, 즉 하늘 나라가 주어지고 그 나라의 열매가 기대되는(마태 21:43) 새로운 백성의 창조를 예언적으로 보여주는 표징으로 볼 수 있습니다. 이러한 상징적 의미는 예수께서 제자들에게 하신 다음의 선언에서 더욱 분명히 드러납니다.

> “나는 분명히 말한다. 너희는 나를 따랐으니 새 세상이 와서 사람의 아들이 영광스러운 옥좌에 앉을 때에 너희도 열두 옥좌에 앉아 이스라엘 열두 지파를 심판하게 될 것이다.” (마태 19:28)

이 말씀에서 예수께서는 열두 제자에게 이스라엘 백성을 심판할 권위를 약속하십니다. 이는 제자들에게 얼마나 큰 특권입니까! 유다를 제외하고 거룩한 사도로 세워진 열두 제자에게 이 말씀은 엄청난 영예와 지위를 부여합니다. 하지만 이 말씀이 이스라엘 백성에게는 어떤 의미로 받아들여질 수 있을까요? 우리는 이 논쟁적인 내용을 어떻게 이해해야 할까요?

마태오는 자신의 교회가 처한 역사적 맥락을 고려할 때, 예수님의 이 말씀을 떠올리며 회당의 반대자들에게 경고하려 했던 것으로 보입니다. 그의 관점에서, 예수님의 추종자들을 박해한 이들은 하느님의 뜻을 거역한 셈이기 때문입니다. 동시에, 이 말씀은 박해받는 그리스도인들에게 위로와 격려를 주며, 예수님에 대한 신앙을 지키도록 힘을 북돋우는 메시지이기도 했습니다. 하느님께서 결국 그들을 박해한 자들을 심판하실 것이라는 확신을 주기 때문입니다.

마태오 복음에서 중요한 점은, 예수님의 말씀 속에서도 최종 심판의 권위가 열두 제자가 아니라 인자에게 속해 있음을 강조한다는 것입니다. 예수님께서는 열두 제자에게 정의를 옹호할 권위를 주시지만, 최후의 재판은 하느님의 아들이신 인자께 속합니다. 더불어, 마태오는 이 대화를 다음과 같이 결론지으며 중요한 교훈을 전달합니다.

> **"그러나 첫째였다가 꼴찌가 되고 꼴찌였다가 첫째가 되는 사람들이 많을 것이다."** (마태 19:30)

마태오에게 열두 제자는 영적 모범이지만, 그들 또한 죄를 짓고 실수하며 때로는 뒤처질 것입니다. 따라서 열두 제자가 이스라엘 열두 지파를 심판한다는 말씀은 교회가 이스라엘을 대체할 것이라는 예언이 아니라, 모든 하느님의 백성에게 주는 경고로 이해되어야 합니다.

우리가 또 하나 주목해야 할 질문은, "왜 열두 제자는 예수님의 부르심에 응답했을까? 무엇이 그들로 하여금 모든 것을 기꺼이 포기하고 예수님을 따르게 했을까?"입니다. 흥미로운 점은 마태오가 제자들의 부르심 이야기에서 그들이 예수님을 따르기로 한 이유를 명확히 언급하지 않았으며, 복음서 어디에서도 그들이 올바른 결정을 내리기 위해 갈등하거나 고민하는 모습을 묘사하지 않았다는 사실입니다. 하지만 두 가지 사건을 통해 그들의 동기를 어느 정도 추측할 수 있습니다.

첫 번째 사건은 한 부유한 청년이 예수님께 영원한 생명을 얻기 위해 무엇을 해야 하는지 묻는 장면입니다. 예수께서 그에게 재산을 팔아 가난한 이들에게 나누어 주고 자신을 따르라고 하셨을 때, 청년은 깊은 슬픔에 잠겨 떠나갔습니다. 이 사건 후 예수께서 부자가 하늘 나라에 들어가는 어려움에 대해 말씀하시자, 베드로는 자신들이 모든 것을 버리고 예수님을 따른 것에 대해 어떤 보상을 받을지 물었습니다. 이 질문을 통해 제자들은 자신들의 희생에 대해 보상을 기대하고 있었음을 알 수 있습니다. 그들이 기대했던 보상은 무엇이었을까요?

두 번째 단서는 예루살렘으로 가는 길에서 제자들 사이에 벌어진 논쟁에서 찾을 수 있습니다. 그들은 누가 더 큰 자인지를 두고 다투었으며, 요한과 야고보의 어머니는 예수님께 자신의 아들들이 그의 나라에서 좌우에 앉게 해 달라고 간청했습니다. 이를 보면, 열두 제자 역시 야망에서 자유롭지 못했던 것으로 보입니다. 그들은 예수님의 하늘 나라를 지상의 정치적 왕국으로 오해했던 것 같습니다. 이에 예수님은 그의 나라에서 큰 자가 되고자 하는 사람은 모든 이의 종이 되어야 한다고 거듭 가르치셨습니다. 또한, 자신이 예루살렘에서 고난을 겪고 죽임을 당할 것임을 분명히 하셨습니다. 예수님은 다음과 같이 말씀하셨습니다.

> "나를 따르려는 사람은 누구든지 자기를 버리고 제 십자가를 지고 따라야 한다. 제 목숨을 살리려고 하는 사람은 잃을 것이며 나를 위하여 제 목숨을 잃는 사람은 얻을 것이다." (마태 16:24-25)

권력과 명예는 예수님의 제자가 되는 이유가 될 수 없습니다. 예수님은 제자들에게 영원한 생명과 하늘 보좌의 영광이라는 상급을 약속하시기 전에, 자신을 위한 고난과 죽음을 감내할 것을 요구하셨습니다.

신학자 디트리히 본회퍼는 이를 다음과 같이 통찰력 있게 설명했습니다.

> "그리스도께서 한 사람을 부르실 때, 그는 그 사람에게 와서 죽으라고 명하시는 것이다. 집과 일을 버리고 그분을 따라야 했던 첫 제자들의 죽음과 같을 수도 있고, 수도원을 떠나 세상으로 나아가야 했던 루터의 죽음과 같을 수도 있다. 하지만 그것은 매번 같은 죽음이다. 예수 그리스도 안에서의 죽음, 그분의 부르심에 응답하는 죽음이다."[2]

다가올 고난의 약속에도 불구하고, 열두 제자는 여전히 예수님의 추종자들 중에서 특별한 위치를 차지했습니다. 그들은 예수님과 동행하며 의로운 길에 대한 가르침을 직접 들을 수 있었고, 사람들의 삶을 변화시키는 그의 놀라운 기적을 목격할 수 있었습니다. 제자들의 교실은 바로 예수님과 함께한 길 위였습니다. 또한 예수께서는 군중이 흩어진 후 제자들에게 개인적으로 가르침을 전하며, 비유를 통해 하늘 나라의 신비를 설명하고, 율법과 예언서를 통해 하느님의 뜻을 알려 주셨으며, 교회를 위한 새로운 삶의 방식과 최후 심판의 엄중한 결과를 가르치셨습니다.

그러나 제자들은 단순히 종교적 지식을 배우는 학생들만이 아니었습니다. 그들은 예수님과 친밀한 관계를 맺어 그의 가족과 같은 특별한 유대를 누리는 특권도 가졌습니다. 예를 들어, 사람들이 예수께 그의 어머니와 형제들이 찾아왔다고 전했을 때, 예수께서는 이렇게 말씀하셨습니다.

"누가 내 어머니이며 내 형제들이냐?" 그러고 나서 제자들을 가리키며 말씀하셨습니다. "바로 이 사람들이 내 어머니이며 내 형제들이다. 하늘에 계신 내 아버지의 뜻을 실천하는 사람이면 누구나 다 내 형제요 자매요 어머니이다." (마태 12:49-50)

제자들은 하느님의 뜻을 이행하며 예수님과 친밀한, 마치 가족과도 같은 관계를 누리는 사람들이었습니다. 신약학자 마틴 헹엘은 예수님과 제자들 사이의 이러한 친밀한 인격적 관계를 철학 학파나 종교 집단에서는 찾아볼 수 없는 독특한 특징이라고 평가합니다.

그럼에도 불구하고 열두 제자는 결함이 있는 인간이었습니다. 그들은 예수께 질문을 하거나 설명을 요구하며 열심히 배우려 했지만, 때로는 이해력 부족으로 꾸지람을 듣기도 했습니다. 예를 들어, 바리사이파가 제자들이 음식을 먹기 전에 손을 씻지 않았다고 비난했을 때, 예수께서는 그들의 전통이 하느님의 계명보다 우선시된다고 꾸짖으셨습니다. 예수께서는 "입으로 들어가는 것이 사람을 더럽히는 것이 아니라 입에서 나오는 것이 사람을 더럽힌다"고 말씀하셨지만, 제자들이 이 의미를 이해하지 못하자 이렇게 말씀하셨습니다.

"너희도 아직 알아듣지 못하였느냐?" (마태 15:16)

또한, 제자들은 믿음과 용기가 부족하기도 했습니다. 예수께서 배 안에 함께 계셨음에도 밤의 폭풍 속에서 두려워하자, 예수께서는 그들을 꾸짖으셨습니다.

"그렇게도 믿음이 없느냐? 왜 그렇게 겁이 많으냐?" (마태 8:26)

예수님의 생애 마지막 순간에는 더욱 실망스러운 모습을 보였습니다. 게쎄마니 동산에서 예수님과 함께 기도하라는 요청에도 피곤해 잠들었고, 예수께서 체포되자 모든 제자가 그를 버리고 도망쳤습니다. 유다는 예수님을 배신했고, 베드로는 두려움에 예수님을 부인했습니다. 심지어 부활하신 예수님을 만난 후에도 일부는 여전히 의심했습니다. 이처럼 제자들은 성인이 아닌, 우리와 같은 연약한 인간이었습니다.

그러나 부활하신 예수님은 이러한 결함이 있는 제자들에게 온 세상을 제자 삼으라는 지상 대명령을 맡기셨습니다. 이후의 이야기는 더욱 놀랍습니다. 사도행전을 통해 우리는 이 결점 많은 제자들이 성령의 힘을 받아 담대히 예수님의 부활을 증언하고, 많은 사람들을 개종시켜 교회를 세운 모습을 보게 됩니다. 이들의 이야기는 하느님의 놀라운 은혜를 증명합니다. 비록 우리가 연약한 존재일지라도, 하느님은 우리를 거룩하게 하시고 그의 뜻을 위해 사용하실 수 있습니다.

결론적으로, 제자도는 예수님과 관계를 맺고, 그에게서 배우며, 영원한 큰 상급에 대한 약속을 듣는 특권이자 거룩한 부르심입니다. 그러나 이는 결코 쉬운 여정이 아닙니다. 제자도는 십자가로 이어지는 사랑의 여정입니다. 예수님의 사명은 하늘 나라를 선포하고, 자비를 베풀며, 병자를 고치고, 죄인들을 위해 십자가에서 죽는 것이었습니다. 제자들은 예수님에게 배우고, 그를 본받으며, 그의 가족으로 초대받은 이들로서 이러한 사명을 공유해야 했습니다. 제자도는 예수님의 삶과 가르침에 대한 전적인 헌신을 요구하는 지속적인 회심의 과정입니다.

세금 징수관(세리) 마태

마태오 복음에서는 열두 제자 중 세 명이 특별히 주목받습니다. 왜 마태오는 이들에게 초점을 맞췄으며, 그들의 이야기가 제자도에 대해 우리에게 무엇을 말해줄 수 있을까요?

세리 마태오의 부르심 이야기는 단 한 구절(마태 9:9)에 불과하지만, 그의 이름 때문에 중요한 의미를 가집니다. 주의 깊은 독자들은 마르코 복음(2:14)과 루가 복음(5:27)에서도 동일한 이야기가 등장하지만, 그 제자의 이름이 "알패오의 아들 레위"로 기록되어 있다는 점을 알아챌 것입니다. 고대 전통은 이러한 차이를 설명하기 위해, 마태오 복음의 저자가 제자 마태오였을 것이라고 보았습니다. 만약 마태오가 아닌 다른 사람이 이 복음서를 저술했다면, 이미 널리 알려진 마르코 복음의 '레위'라는 이름을 그대로 사용했을 가능성이 큽니다.

마태오의 부르심 이야기와 관련하여 세 가지 점을 주목할 필요가 있습니다. 첫째, 예수님의 당당한 권위입니다. 예수께서는 단순히 "나를 따르라"고 말씀하셨고, 마태오는 망설임 없이 순종했습니다. 이 단순하면서도 강력한 부르심은 예수님의 권위와 마태오의 즉각적인 응답을 드러냅니다.

둘째, 마태오가 가파르나움의 세리였다는 사실입니다. 가파르나움은 두 주요 도로가 교차하는 번영하는 도시로, 세리로서 그는 수익성 높은 직업을 가지고 있었습니다. 그러나 예수의 부르심을 받자, 마태오는 자신의 자리를 미련 없이 버리고 예수를 따랐습니다. 이 부르심 이후에는 바리사이파와의 논쟁 이야기가 이어집니다. 바리사이파는 예수께서 세리와 죄인들과 함께 식사하는 것을 비난했습니다. 그들은 예수께서 로마 제국을 위해 일하며 동족을 착취하던 세리들과 어울림으로써 정결법을 어겼다고 여겼습니다. 이에 대해 예수께서는 "성한 사람에게는 의사가 필요하지 않으나 병자에게는 필요하다"는 격언을 인용하시며, "나는 선한 사람을 부르러 온 것이 아니라 죄인을 부르러 왔다"(마태 9:12-13)고 말씀하셨습니다. 이 맥락에서 마태오는 죄인을 구원하시려는 예수님의 특별한 사명의 가장 강력한 증거이자, 삶을 변화시키는 능력의 상징이 됩니다. 심지어 세리와 같은 이들도 변화될 수 있었던 것입니다.

셋째, 마태오의 부르심 이야기는 1세기 후반 랍비들에 대한 논박으로도 작용합니다. 마태오는 예수께서 바리사이파에게 하신 말씀을 전합니다. “내가 바라는 것은 동물을 잡아 나에게 바치는 제사가 아니라 이웃에게 베푸는 자선이다 하신 말씀이 무슨 뜻인가를 배워라”(마태 9:13). 마태오를 제자로 삼으신 예수님은 하느님께서 자비를 얼마나 사랑하시는지, 회개하는 죄인을 언제나 받아들이실 준비가 되어 있음을 보여주십니다. 이 이야기는 다른 이를 판단하고 비판하려는 인간의 성향을 넘어서는 하느님의 너그러운 사랑과, 가치 없어 보이는 자조차 받아들이시는 예수님의 자비를 강조합니다. 특히 중요한 점은 마태오가 예수님의 부르심에 믿음으로 응답했다는 사실입니다. 그의 결단은 삶을 완전히 변화시켰습니다.

시몬 베드로

베드로와 그의 형제 안드레아는 갈릴래아 가파르나움에 살던 벳사이다 출신의 어부였습니다. 가파르나움은 예수께서 베드로의 장모의 열병을 고치신 곳으로도 알려져 있습니다. 베드로는 예수님의 초기 제자 중 한 사람으로 갈릴래아에서 예루살렘까지 예수를 따랐습니다. 예수님께서 돌아가신 이후, 그는 예루살렘 교회의 주요 지도자가 되어 유대, 사마리아, 카이사리아, 안티오키아 등을 다니며 설교하고 치유했습니다. 전설에 따르면 그는 네로 황제 치하의 로마에서 순교했다고 전해집니다.

열두 제자 중에서 베드로는 가장 매력적인 인물로 묘사됩니다. 그는 솔직하고 충동적이며, 어려운 질문도 주저하지 않고 던졌습니다. 동시에 그는 모순적인 성격을 지니고 있었습니다. 예수님을 메시아라고 고백했으나, 그의 고난은 받아들이지 못했습니다. 생각하기 전에 행동하는 경향이 있었는데, 물 위를 걷다가 거의 빠질 뻔한 일이 그 예입니다. 또한 그는 예수님을 보호하려다 대사제의 종의 귀를 베어버리기도 했습니다. 그는 예수님의 재판을 보기 위해 대사제의 뜰에 들어갈 용기를 보였지만, 예수를 세 번 부인하는 나약함도 드러냈습니다. 결코 예수를 버리지 않겠다고 장담했으나, 십자가에 못 박히실 때는 숨어버리기도 했습니다.

그러나 베드로는 부활하신 예수님을 담대히 전파하며, 권위를 가지고 기적을 행했고, 유대인, 사마리아인, 이방인을 향한 선교를 이끌며 교회를 세웠습니다. 그의 삶은 하느님의 은혜와 인간의 연약함이 어떻게 함께 존재할 수 있는지를 잘 보여줍니다.

마태오 복음에서 베드로는 제자들 중의 지도자로 묘사되며, 예수님의 교회가 세워질 '반석' 같은 신앙을 가진 인물로 그려집니다. 그의 지도자로서의 위상은 마태오 복음이 전개됨에 따라 점점 커지는데, 이는 마태오 복음 14장에서 그가 물 위를 걷고자 시도하는 장면에서 시작됩니다.

제자들이 파도에 시달리는 배를 타고 호수를 건너던 중, 예수님께서 물 위를 걸어오시는 모습을 보고 놀라 유령으로 착각하며 두려워했습니다. 베드로는 배에서 뛰어내려 예수님을 향해 물 위를 걷기 시작했지만, 곧 가라앉기 시작하며 구조를 요청해야 했습니다. 예수님께서는 그의 약한 믿음을 꾸짖으셨으나, 바다를 잠잠케 하셨습니다. 이때 배에 있던 제자들은 예수님을 하느님의 아들로 인정하며 경배했습니다. 이는 자연을 다스리시는 예수님의 신적 권능을 보여줄 뿐 아니라, 베드로의 성품을 통해 믿음의 중요성을 강조하는 이야기이기도 합니다.

마태오 복음의 첫 독자들에게 이 이야기는 더욱 큰 의미를 가졌을 것입니다. 밤에 파도에 시달리는 배가 로마 제국과 회당의 적대감 속에서 고난을 겪는 교회를 상징한다면, 베드로의 외침("주님, 살려 주십시오!")은 그들에게 믿음으로 위험을 극복하는 방법을 가르쳐주었기 때문입니다.

마태오 복음 16장에서는 베드로의 신앙고백 장면이 등장합니다. 예수께서 제자들과 함께 필립보의 카이사리아 지역을 지나며 자신의 정체성에 대한 중요한 질문을 던지십니다. “사람들이 인자를 누구라 하더냐?” 제자들은 “세례자 요한, 엘리야, 예레미야 혹은 예언자 중 한 사람이라 합니다”라고 대답합니다. 그러자 예수께서 “너희는 나를 누구라 하느냐?”라고 물으셨고, 이에 베드로가 대답합니다. “선생님은 살아 계신 하느님의 아들 그리스도이십니다”(마태 16:13-16).

예수님께서는 베드로의 대답이 하느님께로부터 직접 계시받은 것임을 인정하시며 선언하십니다.

> **“잘 들어라. 너는 베드로이다. 내가 이 반석 위에 내 교회를 세울 터인즉 죽음의 힘도 감히 그것을 누르지 못할 것이다.”**
>
> (마태 16:18)

이 ‘반석’이 무엇을 의미하는지에 대해서는, 베드로 자신을 가리키는 것인지, 아니면 그의 신앙고백을 가리키는 것인지에 대해 논쟁이 있어 왔습니다. 하지만 베드로가 열두 제자 중에서 특별한 지위를 부여받았다는 점은 분명합니다.

그는 하늘 나라의 열쇠와 함께 “매고 푸는” 권세를 부여받았습니다. 여기서 “매고 푸는”은 재판에서의 결정권을 의미할 수도 있고, 랍비들이 성서를 해석하고 율법적 판단을 내리는 방식을 나타내는 비유로 볼 수도 있습니다. 예수께서는 베드로가 내리는 판단이 하늘에서도 인정받을 것이라고 말씀하셨습니다. 일부 해석자들은 열쇠의 상징과 매고 푸는 권세가 베드로가 하늘 나라의 문지기로 임명되어 교회에 사람들을 받아들이거나 내보낼 수 있는 권한을 가졌음을 의미한다고 봅니다. 반면, 다른 해석자들은 베드로가 교회의 ‘수석 랍비’로서 하늘 나라의 신비를 풀어내고 거룩한 계시의 의미를 세상에 설명하는 책임을 맡았다고 이해하기도 합니다.

특히 주목할 점은 "매고 푸는" 비유가 교회 지도력과 징계에 관한 예수님의 가르침에서도 사용되었다는 것입니다. 여기서는 정당한 절차를 거친 후 회개하지 않는 죄인을 교회에서 추방할 수 있는 권한이 교회 전체에 주어졌음을 의미합니다(마태 18:18). 이러한 맥락에서 보면, 베드로의 매고 푸는 권세는 예수님의 계명을 설명하고 신자들을 신실한 제자로 형성하는 권위로 보는 것이 더 적절해 보입니다. 마태오에게 있어 교회의 궁극적인 사명은 예수님의 계명을 따를 수 있는 제자를 만드는 데 있기 때문입니다. 베드로는 갈릴래아에서 예루살렘까지 예수님을 따르며, 하느님으로부터 예수님의 정체성을 깨달을 수 있는 계시를 받았습니다. 따라서 마태오는 예수께서 자신의 가르치는 권위를 베드로에게 위임하셨다고 기록했을 가능성이 큽니다.

베드로는 또한 높은 산에서 예수님의 변모를 목격한 세 명의 증인 중 한 명입니다. 그는 예수께서 모세와 엘리야와 대화를 나누시는 장면을 목격하며, 흥분한 나머지 세 사람을 위한 장막을 지을 것을 제안했습니다. 그러던 중, 하늘로부터 "이는 내 사랑하는 아들이다. 그의 말을 들으라"는 음성을 들었습니다. 이 사건은 베드로가 하느님으로부터 직접적인 계시를 받았음을 보여줍니다. 또한 그는 예수님의 거룩한 정체성과 영광을 목격하는 특별한 축복을 누렸습니다. 이는 그의 신앙고백이 변모산에서 하느님의 말씀으로 다시 한번 확인된 순간이기도 합니다.

마태오 복음에서 베드로가 두드러지게 부각된 이유는 무엇일까요? 마태오는 베드로를 열두 제자 중 가장 뛰어난 제자로 묘사하며, 교회의 중심적 사도로 강조합니다. 베드로가 바르나바와 바울로의 시대에 안티오키아를 방문했다는 사실(갈라 2:11-14)은 마태오가 그를 자신의 교회의 수호성인으로 여겼음을 시사합니다. 베드로는 교육받지 못한 노동자였으나, 열정과 끈기로 예수님을 따랐습니다. 그는 때로 예수님의 가르침을 이해하지 못하거나 그의 능력을 온전히 신뢰하지 못했지만, 그 누구보다도 배우고자 하는 열망과 믿음을 가지려는 진실성을 보였습니다.

많은 결점을 가진 사람이었음에도 불구하고, 하느님께서는 그에게 교회를 이끄는 권위를 맡기셨습니다. 베드로의 삶은 예수님이 어떻게 그를 부르시고 양육하셨으며, 신실한 지도자로 훈련시키셨는지를 잘 보여줍니다. 그는 신자가 하느님의 은혜에 응답하고 교회를 섬기는 신실한 제자로 성장할 수 있는 본보기를 제시합니다.

베드로에 관한 가장 논쟁적인 주제는 그의 권위의 성격입니다. 마태오 복음에서 베드로는 예수님의 정체성과 가르침에 관한 교회의 교리를 수호하는 중심 인물로 등장합니다. 예수님께서 "너는 베드로이다. 내가 이 반석 위에 내 교회를 세울 터인즉 죽음의 힘도 감히 그것을 누르지 못할 것이다"(마태 16:18)라고 선언하셨을 때, 베드로의 위치는 분명히 특별한 의미를 갖습니다. 그러나 이 선언의 해석은 역사적으로 다양했습니다. "이 반석"이 가리키는 것이 베드로 자신인지, 아니면 그의 신앙고백인지, 혹은 신앙고백의 대상인 예수님인지는 다양한 해석이 존재합니다.

로마 가톨릭 전통은 교회의 반석을 베드로 자신으로 이해하는데, 이는 해석학적으로 충분한 근거가 있습니다. 그리스어로 '페트로스'는 "바위" 또는 "돌"을 의미하며, 이러한 언어적 연관성은 이 해석을 뒷받침합니다. 또한, 베드로가 교회의 으뜸가는 사도로 널리 존경받았다는 사실 역시 이 해석에 무게를 더합니다. 로마 가톨릭 교회는 이러한 이해를 통해 베드로의 수위권을 강조하며, 이를 교황권의 우위를 지지하는 성경적 증거로 활용합니다.

그러나 개신교 전통은 "교회의 반석"이 베드로 자신이 아니라 그의 신앙고백이라고 주장합니다. 베드로가 열두 제자 중에서 하늘 나라의 열쇠와 매고 푸는 권세를 받은 것은 그의 개인적 자질 때문이 아니라, 그가 교회를 대표하여 예수님을 메시아요 하느님의 아들로 고백했기 때문이라는 것입니다.

이 고백은 예수께서 십자가에 못 박히시고 부활하시기 전에 이루어진 신앙의 표현으로, 베드로 자신의 이해가 아닌 하느님의 계시에서 비롯된 것입니다. 이는 순전한 은혜에서 비롯된 고백이며, 따라서 교회의 토대는 베드로가 아니라 그의 신앙고백에 있다는 것입니다. 더구나 바로 이 사건 이후, 베드로가 예수께서 예루살렘에서 고난받으시는 것을 막으려 했을 때, 예수께서 그에게 "사탄아, 물러가라!"라고 꾸짖으셨습니다. 이러한 서술적 맥락은 교회의 반석이 베드로가 아니라 그의 신앙고백임을 강조합니다.

세 번째 해석은 아우구스티누스가 제안한 것으로, 그는 "반석"이 예수님 자신이라고 보았습니다. 아우구스티누스는 예수께서 예루살렘에서 대사제들과 원로들에게 시편 118편을 인용하시며 자신을 "반석"에 비유하신 대목을 근거로 들었습니다. "집짓는 사람들이 버린 돌이 모퉁이의 머릿돌이 되었다. 주께서 하시는 일이라 우리에게는 놀랍게만 보인다"(마태 21:42). 이 구절에서 예수님은 반대자들에게는 "버린 돌"이었으나, 하느님께서는 그를 교회의 "모퉁이의 머릿돌"로 삼으셨습니다. 아우구스티누스는 복음서 전체의 서술적 맥락을 고려하며, 예수께서 자신을 교회의 진정한 반석으로 동일시하셨음을 발견했습니다.

아우구스티누스의 해석은 신학적으로 더 견고한 논거를 제공합니다. 베드로는 교회의 으뜸가는 사도로 인정받을 수 있지만, 인간이 교회의 기초가 될 수는 없습니다. 베드로의 신앙고백은 교회 교리의 핵심을 이루지만, 교리는 시대에 따라 새롭게 해석될 필요가 있습니다. 반면 예수 그리스도는 변함없는 하느님의 사랑의 인격적 계시로, 교회의 유일한 반석이십니다. 베드로는 예수님과의 친밀한 관계를 통해 "반석"이라는 이름을 받았으며, 이는 그의 신앙과 헌신을 인정받은 결과입니다.

가리옷 사람 유다

시몬 베드로가 제자들의 대표로 묘사된다면, 가리옷 사람 유다는 그 정반대 유형을 보여줍니다. 유다가 어떻게 예수님의 제자로 부름받았는지에 대한 기록은 없지만, 은 삼십에 예수님을 배반한 이야기와 그의 비참한 죽음은 잘 알려져 있습니다. 오랜 시간 예수님을 따랐음에도 불구하고, 돈에 대한 사랑이 그를 배신자로 만들었습니다.

마태오에 따르면, 유다의 배신 계획은 예수께서 베타니에 있는 나병환자 시몬의 집에서 식사하실 때 시작됩니다. 한 여인이 값비싼 향유를 예수님의 머리에 부었을 때, 일부 제자들은 그 향유를 팔아 가난한 사람들을 돕는 데 쓸 수 있었을 것이라며 여인을 비난했습니다. 하지만 예수께서는 그녀를 변호하시며, 그녀의 행동을 "장례를 위한 준비"로 설명하셨습니다. 예수님은 제자들에게 가난한 사람들은 항상 그들과 함께 있겠지만, 자신은 오래 있지 않을 것이라고 상기시키셨습니다. 더불어, 여인의 행위는 예수님을 향한 사랑의 표현으로, 복음이 전파되는 곳마다 "이 여자가 한 일도 알려져 사람들이 기억하게 될 것"(마태 26:13)이라고 말씀하셨습니다.

이후, "그때에"라는 시간 접속사가 등장합니다. 이는 베타니에서 일어난 일, 특히 여인의 기름 부음에 대한 예수님의 말씀이 유다에게 결정적인 전환점이 되었음을 암시합니다. 예수께서 예루살렘에서의 임박한 죽음에만 전적으로 집중하시는 모습에 유다가 환멸을 느낀 것일까요? 예수님의 모습은 유다가 큰 기대를 품고 따랐던 메시아의 모습과 달랐을지도 모릅니다. 혹은 예수께서 한 여인의 공경을 위해 가난한 자들의 필요를 무시하는 듯한 모습이 실망감을 불러일으켰을 가능성도 있습니다. 그가 존경했던 예수님의 모습이 아니었을 수도 있습니다. 아니면 값비싼 향유 옥합의 가치가 유다로 하여금 돈에 대한 욕망을 자극했을까요? 예수께서 자신이 메시아요 하느님의 아들이심을 인정하셨지만, 계속해서 고난과 죽음을 이야기하시는 모습에 유다는 혼란을 느꼈을 것입니다. 결국, 예수님을 따르는 일이 더 이상 의미가 없다고 판단했다면, 유다에게 필요한 것은 돈이었을 것입니다.

예수께서는 유다의 마음이 흔들리고 있음을 아셨습니다. 최후의 만찬에서 예수께서는 깊은 고통 속에서 제자들에게 그들 중 하나가 자신을 배반할 것이라고 말씀하셨습니다.

> "지금 나와 함께 그릇에 손을 넣은 사람이 바로 나를 배반할 것이다. 사람의 아들은 성서에 기록된 대로 죽음의 길로 가겠지만, 사람의 아들을 배반한 그 사람은 화를 입을 것이다. 그는 차라리 세상에 태어나지 않았더라면 더 좋을 뻔했다." (마태 26:23-24)

예수께서는 오랫동안 선택하고 사랑하며 가르쳐온 열두 제자 중 한 명이 자신을 배반할 것이라는 사실에 큰 아픔을 느끼셨습니다. 성경에 예언된 대로 일이 일어날 것을 아셨기에 고난을 기꺼이 받아들이셨지만, 제자의 배신에 대한 실망은 크셨습니다. 예수께서는 배반자를 향해 저주를 선언하시며 그 고통을 표현하셨습니다. 충격을 받은 다른 제자들처럼 유다도 예수께 자신이 그 사람인지 물었고, 예수께서는 그렇다고 인정하셨습니다. 하지만 그 어떤 저주나 경고도 유다의 마음을 돌이키지 못했습니다. 유다는 끝내 대사제들과 원로들에게 가서 칼과 몽둥이를 든 무리를 데리고 예수님을 체포하러 왔습니다. 게쎄마니 동산에서 유다는 예수님께 입맞춤하며 무리에게 체포할 대상을 알렸습니다. 친밀함의 상징이었던 입맞춤이 배신의 신호로 변한 순간이었습니다.

유다의 이야기는 그의 비참한 죽음으로 끝을 맺습니다. 예수께서 부당하게 정죄받으시는 것을 본 유다는 비로소 자신의 잘못을 깨달았습니다. 그는 깊은 후회 속에 대사제들과 원로들에게 은 삼십을 돌려주며 "내가 죄 없는 사람을 배반하여 그의 피를 흘리게 하였으니 나는 죄인입니다"(마태 27:4)라고 고백했습니다. 여기서 주목할 점은 유다의 마음 상태를 묘사하는 그리스어 동사가 사용되었다는 것입니다. 이는 잘못된 행동에 대한 "후회"나 "가책"을 의미하지만, 종교적 회개를 뜻하는 단어와는 다릅니다. 예를 들어, 세례자 요한이 "회개하라, 하늘 나라가 가까이 왔다"고 설교할 때 사용된 단어는 종교적 회개를 뜻합니다. 이는 갈릴래아의 도시들이 예수님을 거부하고도 "회개"하지 않은 것을 언급할 때도 사용됩니다.

이 두 동사의 차이를 고려할 때, 마태오는 유다의 후회가 진정한 회개와는 다르다는 점을 강조하고 있는 듯합니다. 유다의 후회가 아무리 깊더라도, 이미 저지른 일을 되돌릴 기회는 없었습니다. 비탄에 빠진 그는 결국 스스로 목숨을 끊었고, 그의 피 값은 이방인들을 매장할 '피 밭'을 사는 데 사용되었습니다. 이는 예레미야나 이사야의 고대 예언을 성취한 것으로 보입니다.

유다의 이야기는 우리의 결정이 어떤 끔찍한 결과를 가져올지 예측할 수 없음을 보여줍니다. 그리고 후회는 때로 너무 늦을 수 있습니다. 유다의 비극적인 몰락은 베드로가 회개를 통해 사도직에 오르는 것과 극명한 대조를 이룹니다.

최근 이집트에서 발견된 4세기 콥트어 유다 복음*은 유다를 열두 제자 중 가장 진실된 제자로 묘사합니다. 전통적인 견해와는 반대로, 이 문서는 유다를 예수님의 메시지와 하느님의 계획을 완전히 이해한 인물로 그립니다.

유다 복음에 따르면, 유다가 예수님을 당국에 넘긴 것은 예수님의 뜻을 수행한 것이며, 그는 자신에게 임할 저주와 그 결과를 충분히 인식하고 있었다고 주장합니다. 최후의 만찬에서 예수께서 배반자가 저주를 받을 것이라고 말씀하셨을 때, 유다는 이를 경고로 이해했지만, 예수님의 구속적 죽음을 돕기 위해 그 짐을 기꺼이 짊어지려 했다는 것입니다. 유다 복음의 핵심 구절

---

* 이 책은 현대 그리스도교 교파에서 위경(僞經)으로 봅니다. (편집자 주)

중 하나는 예수께서 유다에게 하신 다음 말씀입니다. "너는 나를 입히고 있는 사람을 희생시킬 것이다." 여기서 *"나를 입히고 있는 사람"*은 예수님의 육체를 의미합니다. 이 말씀은 유다만이 받은 "비밀 계시"로 제시되며, 유다가 예수님을 배반한 행위를 새로운 시각에서 해석하려는 시도를 보여줍니다. 즉, 유다의 배반은 죄악이 아닌, 예수께서 특별히 맡기신 거룩한 임무로 해석되어 그의 행위를 정당화하려는 의도를 담고 있습니다.

이와 같은 유다에 대한 수정주의적 견해는 전통적 그리스도교 신앙의 관점에서 매우 대담하며 상상력이 풍부한 주장입니다. 그러나 이를 후기 고대 교회의 신학적 논쟁의 맥락에서 보면 이해할 수 있습니다. 이는 3~4세기 동안 정통 교회와 영지주의자들 사이에서 사도적 권위를 둘러싸고 벌어진 치열한 논쟁을 반영하기 때문입니다. 정통 교회는 예수님의 전통을 가르치고 보호할 권위를 받은 으뜸가는 사도로 베드로를 존경했지만, 영지주의자들은 부활하신 그리스도로부터 비밀 계시를 받았다고 주장하며 유다를 가장 진실된 제자로 여겼습니다.

유다 복음은 마태오 복음보다 약 200년 후대에, 반대 입장을 가진 집단에 의해 쓰여졌으며, 정통 교회에 반박하려는 의도를 담고 있습니다. 이 복음서는 당시 영지주의 집단의 신념과 그들이 전통 교회와 벌였던 논쟁을 보여주는 역사적 기록으로서 중요한 의미를 지닙니다. 하지만 신학적으로는 의문을 제기합니다. 신약성경의 네 정경 복음서는 공통된 전통에 뿌리를 두고 있지만, 유다 복음은 특정 공동체만이 독점적으로 알고 있다는 비밀 계시에 의존하고 있기 때문입니다.

우리는 유다가 예수님의 죽음에서 자신이 한 역할에 대해 어떤 공로를 주장할 수 있는지 질문할 수 있습니다. 이는 예수님의 죽음이 하느님의 구원 계획의 필수적인 부분으로 밝혀졌기 때문입니다. 그러나 이러한 주장은 몇 가지 이유로 문제가 있습니다. 첫째, 유다는 예수님의 죽음이나 하느님의 구원 계획에 필수적이지 않았습니다. 그의 개입이 없었더라도 대사제들과 원로들은 예수님을 체포하고 정죄했을 것입니다. 둘째, 예수님의 십자가 죽음을 승리의 구속 행위로 만드신 분은 어둠을 밝히시고 악에서 선을 이끌어내시는 하느님이십니다. 따라서 유다나 대사제, 원로들, 빌라도, 또는 로마 병사들이 어떤 공로를 인정받을 수 있다고 믿는 것은 어렵습니다. 셋째, 이러한 인간 행위자들은 예수님을 제거하려는 시도에서 사탄의 도구가 되었습니다. 유다의 경우, 그는 탐욕과 배신의 죄를 저질렀습니다. 그가 의도적으로 예수님을 죽이려 했던 것은 아닐 수 있지만, 그의 탐욕과 배신은 그를 살인의 공범으로 만들었습니다. 마태오의 관점에서 유다는 분명히 유죄입니다. 그의 자살은 자신이 저지른 죄에 대해 스스로 단죄했음을 보여줍니다.

마태오 복음은 예수님을 둘러싼 세 개의 동심원을 보여줍니다. 가장 바깥쪽 원에는 멀리서 예수님의 말씀을 듣고 그를 관찰하는 군중들이 있습니다. 그들은 예수님의 가르침과 기적에 놀라워하며, 예루살렘 입성을 흥분 속에 지켜보고, 재판에서의 그의 침묵에 당황합니다. 전반적으로 그들은 예수님이 누구인지에 대해 호기심을 품고 있습니다. 중간 원에는 예수님을 구주로 만나고 주님으로 고백하는 친구들과 추종자들이 있습니다. 이들은 사랑과 겸손, 믿음이라는 인상적인 자질을 보여줍니다. 예수님의 사역에 동행하도록 특별히 부름받지는 않았지만, 고향에서 가족과 친구들에게 예수님과의 경험을 나누고 변화된 삶을 통해 그의 긍휼과 능력을 증거합니다. 가장 안쪽 원에는 열두 제자들이 있습니다. 이들은 개별적으로 선택되어 예수님을 따르도록 부름받았으며, 하늘 나라에 대해 배우고 모든 사람을 예수님의 제자로 삼는 사명을 맡았습니다. 지상 대명령은 모든 사람이 군중의 자리에서 벗어나 예수님을 따르고 그의 제자가 되라는 초청을 받고 있음을 보여줍니다. 결국, 모든 신자는 첫 열두 제자와 같은 제자가 되어야 합니다.

마태오의 예수님을 따르는 이들과 제자들에 관한 이야기에서 우리는 무엇을 배울 수 있을까요? 이 이야기들을 거룩한 세계로 열린 창문으로 본다면, 우리는 예수님의 몇 가지 주목할 만한 특성을 발견하게 됩니다. 예수님은 기꺼이 로마 백인대장의 집에 들어가 그의 종을 치료해주셨습니다. 그는 가나안 여인의 간절한 요청에 응답하여 그녀의 딸을 귀신으로부터 자유롭게 해주셨습니다. 또한 두 맹인의 눈을 뜨게 하시고, 세리 마태오를 제자로 초대하셨습니다. 베드로를 질문하고 시험하며, 그의 지도력을 키우도록 격려하셨으며, 유다에게는 그의 선택을 존중하며 자유를 허용하셨습니다. 스승으로서 예수님은 긍휼이 많으시고, 지혜로우시며, 인내심이 깊으신 분이었습니다.

이 이야기들을 거울처럼 들여다보면, 우리는 그 인물들 속에서 우리 자신의 모습을 발견할 수 있습니다. 로마 백인대장의 믿음, 가나안 여인의 인내, 두 맹인의 결단, 마태오의 준비된 자세, 베드로의 열정, 그리고 유다의 실수는 우리가 누구이며 무엇이 될 수 있는지를 분명히 보여줍니다. 이들은 제자도의 훌륭한 모범이 됩니다. 베드로와 유다를 통해 우리는 또한 제자들이 얼마나 결함이 있을 수 있는지도 깨닫게 됩니다. 그러나 우리의 불완전함 속에서도 예수께서 우리를 사랑하신다는 사실은 큰 위로가 됩니다. 그는 우리에게 성장할 시간을 주시며, 우리가 요청할 때 도움을 주십니다. 제자도는 부르심이자 선물입니다.

생각해 볼 문제 - 제5장: 예수님을 따르는 사람들

저자는 세속화가 심화되고 있는 문화권, 특히 유럽과 북미에서 그리스도인으로 산다는 것이 무엇을 의미하는지를 말하며 이 장을 시작합니다.

- 당신에게 그리스도인이 된다는 것은 어떤 의미입니까?
- 무엇이 그리스도인을 다른 사람들과 다르게 만드나요?
- 사람들은 왜 그리스도인이 되고자 할까요?
- 당신은 어떻게 그리스도인이 되었습니까?
- 저자는 예수님을 따르는 사람은 세 가지 특성, 즉 사랑, 겸손, 믿음을 가지고 있다고 말합니다. 이 특성을 가진 사람을 알고 있습니까? 당신은 어떻습니까?

제자도(discipleship)란 예수님과 관계를 맺고, 그분으로부터 배우고, 그분의 약속을 듣는 특권을 가지는 거룩한 부르심입니다. 그러나 이는 십자가를 향해 가는 사랑의 여정이기도 합니다.

- 본문이 말하는 제자도의 정의는 무엇입니까?
- 왜 마태오는 복음서 전반에 걸쳐 수비학적 상징, 특히 12제자를 선택했을까요?
- 왜 어떤 사람은 예수님을 따르기로 선택할까요? 절대 무시할 수 없는 '부르심'이란 무엇일까요?
- 예수님의 제자가 되고자 할 때, 따르는 대가는 무엇인가요?
- 당신은 제자도를 어떻게, 무엇이라고 정의합니까?

마태오 복음 4:18-20, 14:22-17:27, 19:13-30, 26:30-75

마태오 복음에서 시몬 베드로는 제자들 가운데 지도자로 나타나며, 예수님의 교회가 세워질 반석으로 그려집니다. 이는 사도 전승의 기반이자, 특히 로마 가톨릭 교회가 베드로를 첫 교황이자 보편 교회의 수장으로 보는 교리의 근거가 됩니다.

- 당신은 예수님의 제자이며 그분을 따르는 베드로를 어떻게 묘사하고 싶습니까?
- 예수님을 따라 대사제의 관저로 가는 길에, 베드로는 어떤 생각을 하고 있었을까요? 그는 어떤 상반된 감정을 느꼈을까요?
- 예수님을 따르고자 하는 열망과 자기 보호 본능 사이에서, 베드로가 겪은 갈등에 대해 당신은 어떤 방식으로 공감할 수 있습니까?
- 왜 마태오 복음에서 베드로의 역할이 두드러지게 나타난다고 생각하십니까?
- 교회는 예수님께서 베드로의 권위에 대해 하신 말씀을 어떻게 해석해 왔습니까?
- 베드로는 우리에게 '제자도'에 관해 무엇을 가르쳐 줄 수 있을까요?

마태오 복음 26:1-27:9

가리옷 사람 유다가 어떻게 제자가 되었는지에 대한 언급은 나오지 않지만, 그는 예수님을 배신하는 제자로서 중요한 역할을 합니다.

- 유다는 왜 대사제들과 협력하기로 했을까요? 돈을 받았을 때 그의 기분은 어땠을까요? 그는 자신의 행동을 어떻게 정당화 했을까요?
- 마태오 복음에 따르면, 다른 제자들은 그렇지 않았는데 왜 유다는 예수님께 부정적인 감정을 느꼈을까요?
- 왜 우리는 베드로와 유다에 대해 다른 인상을 가질까요? 두 사람 모두 압박 속에서 그다지 훌륭한 행동을 하지 않았는데 말입니다. 이 차이를 만드는 요소는 무엇일까요? 자신의 행동 후, 왜 한 사람은 통곡하고 한 사람은 절망에 빠졌을까요?
- 유다 복음은 유다가 예수님을 배반한 이유에 대해 다른 관점을 제시합니다. 이 새로운 시각을 어떻게 생각하나요? 저자는 왜 여기에 동의하지 않을까요?

마태오 복음 28:16-20

대사명(Great Commision, 지상명령)은 모든 사람이 예수님을 따르도록, 부르심에 응답하여 제자가 되도록 초대합니다.

- 우리는 어떻게 예수님을 향한 충성을 보이고 있습니까? 또 어떻게 예수님을 반대하고 있나요?
- 당신은 예수님을 멀리서 바라보는 관찰자인가요, 그분을 주님으로 고백하는 제자인가요? 혹은 다른 사람들을 예수님의 제자로 만드는 부르심을 받은 사람인가요?
- 마태오 복음에서 예수님의 제자들과 그분을 따르는 이들의 이야기를 통해 우리가 배울 수 있는 것은 무엇입니까?
- 어떤 이유에서 제자도는 부르심이자 선물이 될 수 있을까요?
- 당신은 대사명을 어떻게 따를 것입니까? 당신의 역할은 무엇입니까?

제6장

예수님의 교회

현재 미국에서 종교와 관련된 문화를 설명하는 방법은 다양합니다. 스티븐 카터는 최근의 종교 자유와 관련된 법적 사례 및 그리스도교 관행을 둘러싼 논쟁들을 분석하며, 현재 미국 문화를 "불신의 문화"라고 정의했습니다. 이는 법과 정치가 종교적 신념을 경시하는 경향을 반영한 표현입니다. 진보적 좌파와 종교적 우파 사이의 문화 전쟁이 계속되면서, 정치와 사회 문제를 둘러싼 공개 토론은 더욱 격렬해졌습니다. 여기에 유대교, 이슬람교, 무신론자들의 목소리까지 더해져 상황은 한층 복잡해졌습니다.

오늘날 미국 문화는 세속화, 포스트모던화, 그리고 다양화라는 특징을 가지고 있습니다. 다양한 전통과 가치는 우리 사회를 풍요롭게 만들며, 서로 간의 경쟁은 더 큰 창의성을 이끌어낼 잠재력을 가지고 있습니다. 그러나 진정한 과제는 신념이 다른 사람들 간에 열린 대화와 생산적인 교류를 어떻게 유지할 것인가 하는 점입니다. 모든 제안은 선의에서 나오고, 모든 의견이 진정으로 존중받아야 하며, 토론의 장에서 모든 참여자를 동등한 대화 상대로 인정해야 합니다.

다양한 신념이 공존하는 사회에서 공통된 목표를 이루기 위해서는, 자신의 주장을 잠시 접어두고 서로 간의 차이를 넘어설 필요가 있습니다. 또한, 편견을 극복하고 더 깊은 이해에 도달하려면, 각자가 자신의 근본적인 신념과 전통을 솔직히 나누고, 서로의 이야기를 경청하며 배우려는 자세를 가져야 합니다.

교회 역시 다른 종교 단체나 시민 단체와 마찬가지로 공적 자리에서 중요한 사회 문제에 대한 의견과 가치관을 당당히 밝혀야 합니다. 교회가 여전히 역사적인 영향력을 가지고 있더라도, 이제는 전통이나 강압이 아닌 설득력 있는 말과 자선 활동을 통해 사회에 자신의 관점과 입장을 알릴 필요가 있습니다. 만약 교회가 스스로를 하느님의 백성으로 여기고, 그리스도 안에서 하느님의 사랑을 전하는 것을 사명으로 믿는다면, 공적 논의에서 배제되어서는 안 됩니다.

그러나 세상 속에서 하느님의 사랑을 나누는 이 사명을 수행하기 위해서는, 교회의 모든 구성원이 자신의 정체성을 알고 교회 밖에서 어떻게 처신해야 하는지를 이해해야 합니다. 교회만의 특성과 사회적 역할이 무엇인지에 대한 질문은 지금 특히 중요합니다. 이는 모든 교파에서 교인 수가 계속 줄어들고, 사회에 미치는 영향력도 점점 약해지고 있기 때문입니다. 이제 우리는 다음과 같은 근본적인 질문들을 던져야 합니다.

> "우리에게 여전히 교회가 필요한가? 교회는 어떤 모습이어야 하는가? 교회의 존재 목적은 무엇인가?"

이러한 질문들을 고려할 때, 마태오 복음은 어떤 통찰을 제공할 수 있을까요? 신약성경의 여러 책들은 교회에 대해 다양한 측면을 다루고 있습니다. 사도행전은 교회의 기원과 사명을, 에페소인들에게 보낸 편지와 골로사이인들에게 보낸 편지는 교회의 본질을, 목회서신은 교회의 구조를, 그리고 바울로의 서신들은 신학적 논쟁과 목회적 문제들을 중심으로 다룹니다. 그러나 마태오 복음은 이들과 달리, 교회가 생기기 이전 시대의 예수님의 이야기를 기록하고 있습니다.

마태오가 교회의 본질과 특성에 대해 나름의 경험과 통찰을 가지고 있었을 가능성은 충분합니다. 그러나 그의 복음서는 이러한 주제를 직접적으로 다루기보다는, 예수님의 말씀과 행적을 통해 독자들에게 교회에 대한 메시지를 암시적으로 전달합니다. 마태오의 독자들은 신앙 공동체의 구성원들이었으며, 그는 그들이 직면한 내부적, 외부적 도전들을 염두에 두고 예수님의 이야기를 기록했습니다. 특히 1세기 말 안티오키아에 있던 마태오의 교회에 대한 그의 이해는 오늘날에도 여전히 유효한 메시지를 제공합니다. 따라서 먼저 마태오가 속한 안티오키아 교회에 대해 살펴보고, 이어서 그가 제시한 교회의 본질적 특성이 무엇인지, 그리고 이것이 현대 교회의 과제와 도전에 어떤 시사점을 제공하는지 탐구해 보아야 할 것입니다.

마태오의 교회

마태오 복음은 교회가 오순절에 탄생하기 이전의 이야기를 다루고 있음에도 불구하고, 마태오는 자신의 복음서에서 "교회"라는 단어를 세 번이나 사용합니다. 첫 번째는 16장 18절에서 등장합니다. 베드로가 예수님을 메시아요 하느님의 아들이라고 고백한 뒤, 예수께서 "이 반석 위에 내 교회를 세울 터인즉"이라고 말씀하신 장면입니다. 나머지 두 번은 18장 17절에서, 교회의 징계를 다룰 때 언급됩니다. 교회 구성원이 죄를 짓고도 회개하지 않는 경우, 여러 차례 화해를 시도한 후에도 변화가 없다면 "교회"가 합의하여 그들을 추방할 수 있다는 내용입니다.

이 두 경우 모두에서 "교회"는 예수님을 따르는 조직된 공동체를 가리킵니다. 마태오가 후대의 용어를 예수 시대의 이야기 속에 사용한 것은, 그가 오순절 이후에 생긴 교회, 특히 자신이 속한 유대인 그리스도교 공동체를 염두에 두고 복음서를 기록했음을 보여줍니다. "교회"를 뜻하는 그리스어 에클레시아ἐκκλησία는 "불러내다"라는 의미를 가진 단어로, 본래 정치적 문제를 논의하기 위해 모인 자유 시민들의 모임을 지칭했습니다. 일부 학자들은 마태오가 이 단어를 제도화된 교회라기보다는 단순히 예수님을 따르는 사람들의 모임으로 사용했다고 봅니다.

그러나 에클레시아는 구약성경 그리스어 번역본(칠십인역)에서 하느님 백성의 모임을 뜻하는 히브리어 카할 קהל을 번역할 때 사용된 단어입니다. 마태오가 칠십인역 성서를 자주 인용했다는 점을 고려할 때, 그는 이 단어를 하느님 백성을 의미하는 용어로 사용했을 가능성이 높습니다. 따라서 예수께서 자신을 따르는 이들에 대해 하신 말씀은, 모든 민족 가운데서 부름받아 하느님 백성을 이루는 공동체로서의 교회를 가리킨다고 볼 수 있습니다.

사회학적 관점에서 마태오 복음을 살펴보면, 마태오의 교회는 이미 뚜렷한 정체성과 목적을 가진 종교 공동체로 자리 잡았음을 알 수 있습니다. 이 공동체는 하나의 사회 집단으로서 제도적 구조와 일상적인 활동 체계도 갖추고 있었습니다. 우선, 그들은 자신들의 모임을 더 이상 "회당"이라 부르지 않고 "교회"라고 불렀습니다. 많은 교인들이 원래는 회당에 속해 있었지만, 이제는 자신들을 구별된 공동체로 인식했습니다. 그들은 성경에서 가져온 에클레시아라는 단어를 사용함으로써 자신들이 회당의 사람들이 아닌, 진정한 하느님의 백성임을 강조했습니다.

둘째, 마태오의 교회는 자신들의 정체성을 담은 기초 문서로서 복음서를 만들었습니다. 이 복음서는 그들이 믿고 따르는 주님, 예수님의 말씀과 행적을 기록한 문서였습니다. 예수님의 가르침은 그들의 법이 되었고, 그의 삶은 그들이 따라야 할 본보기가 되었습니다. 또한 이 복음서는 그들 공동체가 어떻게 시작되었는지를 보여주는 역사서로서의 역할도 했습니다.

셋째, 그들은 분명한 신앙 고백을 가지고 있었습니다. 이 신앙 고백은 사도 베드로로부터 전해진 것으로, 예수님을 메시아요 하느님의 아들로 고백하는 것이었습니다. 그들에게 예수님은 단순한 기적을 행하는 선지자나 평범한 선생이 아니었습니다. 그는 자기 백성을 죄에서 구원하러 오신 하느님의 기름부음 받은 자였으며, 하느님의 권위를 지닌 하느님의 아들이었습니다.

마태오의 교회는 주님의 기도, 성찬례, 삼위일체의 이름으로 베푸는 세례와 같은 예식을 공동 예배에서 실천했습니다. 또한 새 신자의 입교, 기도 모임, 신앙 갱신을 위한 규정된 의식들도 마련했습니다. 이들은 새로운 구성원을 모집하고 받아들여 하나의 끈끈한 공동체를 형성하는 방법을 잘 알고 있었습니다. 공동체를 유지하기 위해 사도, 예언자, 교사, 율법학자 등 다양한 지도자들이 각자의 역할을 맡아 활동했습니다. 이 지도자들은 교회의 신앙을 지키고 공동체의 경계를 명확히 하는 데 중요한 역할을 했습니다.

지도자들 간에도 때때로 마찰이 있었으며, 이를 해결하기 위해 예수님의 말씀을 인용하거나 화해를 위한 절차를 마련했습니다. 필요한 경우 공동체의 사랑과 질서를 해치는 구성원을 징계하는 제도도 운영했습니다. 이와 함께 교회는 모든 민족에게 복음을 전하고 그들을 예수님의 제자로 만드는 선교 목표를 분명히 세웠습니다. 이는 주님이신 예수 그리스도께서 직접 주신 사명이었기에, 교회의 가장 중요한 과제로 간주되었습니다. 이러한 선교 목표를 달성하기 위해 교회는 예수님의 계명을 배우는 진지한 학교이자, 모든 사람을 환영하는 열린 공동체로 자리해야 했습니다. 이 모든 점을 고려할 때, 마태오는 이미 체계적이고 조직화된 교회를 염두에 두고 자신의 복음서를 작성했음이 분명합니다.

하나의 사회 집단으로서 마태오의 교회는 다양한 갈등에 직면했습니다. 내부적으로는 여러 민족과 문화적 배경을 가진 구성원들 사이에서 발생한 불화가 있었고, 지도자들 간에는 권위와 명예를 둘러싼 경쟁이 존재했습니다.

외부적으로는 교회의 정당성, 신앙, 관행에 대해 회당과 랍비들로부터 도전을 받았습니다. 또한, 로마 당국은 제국의 평화와 질서를 유지한다는 명목으로 교회를 통제하려는 압박을 가했습니다. 이처럼 적대적인 환경에서 마태오의 교회는 소수 집단으로서 자신들의 신념을 지키고, 독특한 삶의 방식을 실천하며, 그들의 비전을 세상과 나누는 데 큰 어려움을 겪었습니다.

교회의 본질과 특징

마태오의 교회가 그랬던 것처럼, 오늘날의 교회도 다양한 도전에 직면해 있습니다. 일부 지역에서는 여전히 역사적 영향력을 유지하고 있지만, 많은 사람들이 교회를 적대시하지는 않더라도 무관심하게 바라보고 있습니다. 이런 상황에서 교회는 자신이 무엇을 말하고, 어떻게 행동하든 사회에 존재 가치와 정당성을 증명해야 하는 과제를 안고 있습니다.

교회가 여전히 하느님의 백성으로서 세상의 빛과 소금이 되도록 부름받았다고 믿는다면, 과연 어떤 공동체의 모습을 갖추어야 할까요? 부자와 가난한 자, 권력자와 억압받는 자 모두에게 정의와 평화를 가져다주는 변화의 주체가 되고자 한다면, 교회는 어떤 성품을 보여주어야 할까요? 또한, 사회에서 무시되거나 소외되지 않기를 바라는 신앙 공동체로서, 교회는 매일 무엇을 해야 할까요?

마태오 복음은 이러한 질문들에 대해 교회의 본질과 특성에 관한 네 가지 중요한 통찰을 제공합니다.

신앙 공동체로서의 교회

마태오 복음은 교회를 신앙 공동체로 묘사합니다. 마태오 복음에서 "교회"라는 단어가 처음 등장한 장면은 필립보 가이사리아에서 예수께서 제자들에게 "사람들이 나를 누구라고 하느냐"고 물으시는 순간입니다. 당시 사람들은 예수님의 기적과 권위 있는 가르침을 보고 그를 존경받는 예언자로 여겼습니다. 이어 예수께서는 제자들에게 더 직접적인 질문을 하십니다. "그러면 너희는 나를 누구라 하느냐?" 이에 시몬 베드로는 망설임 없이 대답합니다. "선생님은 살아 계신 하느님의 아들 그리스도이십니다." 이 대답에 대해 예수께서는 베드로가 하늘에 계신 하느님 아버지로부터 특별한 계시를 받은 것이라고 말씀하시며 그를 칭찬하셨습니다.

베드로는 예수님의 십자가 죽음과 부활 이전에 예수님의 참된 정체성을 깨달은 첫 제자였습니다. 하느님께서 특별히 베드로를 선택하셨으며, 그의 고백은 모든 이가 들어야 할 중요한 계시였습니다. 이 고백의 순간, 예수께서는 "내가 이 반석 위에 내 교회를 세울 터인즉 죽음의 힘도 감히 그것을 누르지 못할 것이다"라고 말씀하시며 교회의 기초를 언급하십니다. 여기서 "반석"은 예수님 자신을 가리킵니다. 예수님은 대사제들과 원로들에게 거부당하셨으나, 하느님께서는 그를 교회의 모퉁잇돌로 삼으셨습니다. 예수께서 교회를 건물에 비유하신 것은 교회가 반드시 튼튼한 기초 위에 세워져야 한다는 상징적 메시지를 담고 있습니다.

베드로의 고백을 통해 우리는 교회가 신앙 공동체라는 사실을 알 수 있습니다. 이 공동체의 신앙 대상은 예수님이며, 그 신앙의 핵심은 예수님이 누구인지에 대한 진리입니다. 예수님은 유대 백성이 오랫동안 기다려 온 메시아이자 하느님의 본성과 성품과 권위를 함께 가지신 하느님의 아들이십니다. 베드로는 이러한 고백을 통해 예수께 경배하고 충성을 맹세하는 신앙 공동체인 교회를 대표했습니다.

예수님에 대한 올바른 신앙은 진리에 대한 올바른 이해와 올바른 삶의 방식으로 이어집니다. 베드로는 예수님에 대한 계시를 받은 후, 교회의 신앙을 가르치고 신자들이 예수님의 가르침에 따라 살아갈 수 있도록 이끄는 임무를 부여받았습니다. 교회는 이러한 신앙과 헌신이 없다면 단순한 이익 집단이나 사교 모임에 불과할 것입니다. 마태오는 교회를 예수님이 메시아요 하느님의 아들이라는 신앙 고백 위에 세워진 공동체로 설명합니다. 이는 예수님이 하느님의 백성을 육체적, 영적 고통에서 구원하기 위해 보내심을 받은 기름부음 받은 자이며, 그가 죄와 죽음에서 우리를 구원하실 수 있다는 사실을 강조합니다.

예수님은 또한 하느님의 아들로서의 권위를 지니셨습니다. 그를 아들로 고백하는 것은 그가 모세와 선지자들보다 더 높은 지위를 가지며 하느님과 특별한 관계를 맺고 있음을 인정하는 것입니다. 예수님은 하느님의 사랑과 계시를 전하는 중보자이자, 하느님의 뜻을 완벽하게 보여주신 분으로, 교회의 신앙과 존재 이유의 중심에 서 계십니다.

교회의 두 번째 기둥은 하느님을 우리의 하늘 아버지로 믿는 것입니다. 예수님도 다른 유대인들처럼 주 하느님을 세상의 창조자이자 유일하고 참된 살아 계신 하느님으로 믿으셨습니다. 그러나 예수께서 하느님을 "아버지"라고 부르신 것은 당시로서는 매우 혁신적인 일이었습니다. 더욱이 예수님은 제자들에게도 하느님을 "하늘에 계신 우리 아버지"라고 부르도록 가르치셨는데, 이는 하느님을 사랑의 아버지로 묘사하며 하늘의 새를 먹이고 들의 백합화를 입히시는 분으로 설명하셨습니다. 예수님은 하느님께서 우리를 이보다 더 사랑하신다고 말씀하시며, 우리가 하느님의 자녀이기에 기도를 들으시고 우리가 구하는 것보다 더 좋은 것을 주신다고 약속하셨습니다. 따라서 우리는 일상의 필요를 걱정하기보다 하느님의 나라와 그의 의를 먼저 구할 수 있습니다.

또한 예수님은 하느님은 공평하고 정의로우시며, 모든 마음을 꿰뚫어 보시고 비밀을 아시는 분이라고 가르치셨습니다. 하느님은 우리의 금식과 구제가 진실한 마음에서 비롯된 것인지 아시기에, 우리는 이기적인 동기가 아니라 진심에서 우러나는 선을 행해야 합니다. 그리고 하느님은 완전하신 분이

시므로 우리도 그분처럼 완전해지라는 부르심을 받습니다. 하느님의 완전하심은 의인과 악인 모두에게 햇빛과 비를 내리시는 포용적 사랑으로 나타납니다. 따라서 우리도 원수를 사랑하고 박해하는 자를 위해 기도하며 하느님의 성품을 본받아야 합니다.

세 번째 기둥은 하느님의 나라가 이미 임했으며, 이로 인해 세상이 변화될 것이라는 확신입니다. 교회는 예수께서 선포하신 대로 하늘 나라가 이미 왔음을 믿고, 이에 따라 우리의 삶도 변화되어야 한다고 봅니다. 하느님 나라는 자비와 정의가 다스리는 새로운 통치 체제로, 기존의 정치나 사회 제도보다 훨씬 더 탁월합니다. 예수님은 이 나라가 모든 이에게 열려 있음을 선포하며, 그의 치유와 가르침을 통해 그 나라의 청사진을 보여주셨습니다. 또한 제자들에게 하느님 나라가 속히 임하기를 기도하고, 그 새로운 현실 속에서 살도록 명하셨습니다. 교회가 이러한 신념 체계를 실천하며 살아갈 때, 교회는 하느님의 통치를 증언할 뿐 아니라, 부패한 세상의 구조와 질서를 변화시키는 중요한 역할을 할 수 있습니다.

네 번째 기둥은 우리가 하느님의 자녀이며, 교회는 새로운 백성이라는 믿음입니다. 하느님을 하늘 아버지로 믿는 우리는 예수님처럼 하느님의 사랑받는 자녀가 됩니다. 이 새로운 정체성은 두 가지 중요한 의미를 가집니다. 첫째, 하느님의 이름에 걸맞은 삶을 살도록 동기를 부여하며, 위선과 허영, 죄악을 멀리하게 합니다. 둘째, 사회를 섬기고 변화시키는 과정에서 소속감과 연대의식을 갖게 합니다. 교회는 하느님의 자비와 정의를 드러내는 거룩하고 존귀한 공동체가 되어야 하며, 예수님께서 명하신 더 높은 의의 열매를 맺는 새로운 백성으로 살아가야 합니다.

이 세상에서 우리의 삶은 기쁨과 슬픔, 설렘과 불안, 희망과 절망이 공존하지만, 하느님이 우리를 자녀로 사랑하신다는 확신이 우리에게 용기와 힘을 줍니다. 이러한 믿음 안에서 우리는 담대한 증인이자 기쁨의 종이 되며, 세상을 새롭게 하는 데 필요한 변화를 이끄는 주체로 설 수 있습니다. 이를 통해 교회는 세상에 분명히 보여줍니다. 교회는 하느님의 새로운 백성이며, 포용적이고 너그러운 사랑으로 부름받은 공동체로, 하느님께서 깊이 사랑하시는 이 세상을 섬기고 새롭게 하는 사명을 가진 곳임을 말입니다.

사랑의 공동체로서의 교회

교회 구성원들이 공동체 안에서 어떻게 살아가며, 교회 밖 사람들과 어떤 관계를 맺는지는 매우 중요한 문제입니다. 마태오가 속했던 교회는 여러 인종과 다양한 문화를 가진 구성원들로 이루어져 있었으며, 민족 간의 긴장, 교리적 논쟁, 권력 다툼으로 인해 많은 어려움을 겪고 있었습니다. 이는 오늘날 많은 교회에서도 흔히 볼 수 있는 모습으로, 마치 밀과 가라지가 함께 자라는 밭이거나, 좋은 손님과 나쁜 손님이 함께하는 혼인 잔치와도 같았습니다. 이러한 분열과 갈등을 해결하기 위해 마태오는 교회의 리더십과 규율에 대한 예수님의 가르침을 특히 강조합니다.

마태오 복음 18장 전반부에서 예수님은 제자들, 곧 교회 지도자들에게 공동체 생활에 대한 책임을 분명히 부여하십니다. 지도자들의 가장 중요한 임무 중 하나는 모든 구성원, 특히 "보잘 것 없는 사람들"을 돌보는 것입니다. 여기서 "보잘 것 없는 사람들"은 어린이, 사회적 약자, 그리고 길가나 돌밭, 가시덤불에 떨어진 씨앗처럼 쉽게 좌절하거나 길을 잃거나 뒤처질 수 있는 취약한 이들을 의미합니다. 이들은 진리를 배우고 삶을 변화시키기 위해 지도자들의 도움을 필요로 합니다.

예수님은 지도자들이 이러한 약한 이들에게 걸림돌이 되지 않도록 자신들의 삶과 가르침에 특별히 신경 써야 한다고 경고하십니다. 만약 지도자들이 이들에게 걸림돌이 된다면, 심각한 결과를 맞이할 것이라고 말씀하셨습니다. 예수님은 "손이나 발이 죄를 짓게 하거든 그것을 찍어 던져 버려라. 두

손과 두 발을 가지고 영원한 불 속에 던져지는 것보다는 차라리 불구의 몸이 되더라도 영원한 생명에 들어가는 편이 더 낫다"(마태 18:8)고 엄중히 경고하셨습니다. 교회는 사랑의 공동체이므로, 가장 작은 자 하나라도 실족하게 한 사람은 그 책임을 져야 합니다.

오늘날 우리 사회는 극심한 양극화로 인해 노숙인과 실업자들이 외면당하거나 범죄자로 낙인찍히는 경우가 많습니다. 때로는 적자생존과 승자독식의 논리가 지배하는 것처럼 보이지만, 예수님의 계명에 따라 우리가 서로를, 특히 약한 자들을 돌본다면, 교회는 진정한 사랑의 공동체이자 세상의 대안이 될 수 있을 것입니다.

인간이 모인 집단인 교회에서는 갈등이 불가피합니다. 이를 해결하기 위해 예수님은 문제 해결을 위한 과정을 제시하셨습니다. 누군가에게 상처를 받았다면, 먼저 개인적으로 대화를 시도해야 합니다. 상대가 잘못을 인정하지 않을 경우, 한두 명의 증인을 동반하여 다시 대화를 나눕니다. 그래도 해결되지 않으면 교회 공동체에 문제를 알리고, 끝까지 잘못을 인정하거나 보상을 거부한다면 출교될 수 있습니다(마태 18:17). 이는 법적 분쟁으로 가기 전에 화해를 이루기 위한 신중한 절차로, 개인의 권리와 존엄성을 보호하며 여러 번의 화해 기회를 제공합니다.

예수님은 교회에 정의를 위한 최후의 수단으로 출교 권한을 주셨지만, 곧이어 이렇게 말씀하십니다.

> "내가 다시 말한다. 너희 중의 두 사람이 이 세상에서 마음을 모아 구하면 하늘에 계신 내 아버지께서는 무슨 일이든 다 들어주실 것이다. 단 두세 사람이라도 내 이름으로 모인 곳에는 나도 함께 있기 때문이다." (마태 18:19-20)

교회는 내부 분쟁을 해결하고 공동체의 경계를 유지하기 위해 징계 절차를 거쳐야 하지만, 교회의 기도가 응답되는 것은 조화와 일치 속에서 이루어지며, 예수님의 임재는 단합과 화합 속에서 나타납니다.

마태오 복음 18장의 후반부에서 베드로는 예수님께 자신에게 죄를 지은 동료 신자를 몇 번이나 용서해야 하는지 묻습니다. 그는 "일곱 번까지 용서해야 합니까?"라고 질문합니다. 일곱은 완전함을 상징하는 숫자이기에, 베드로는 완전한 용서를 의미했을 가능성이 있습니다. 그러나 예수님의 대답은 예상 밖입니다. 그는 "일곱 번이 아니라 일흔일곱 번(혹은 일흔 번씩 일곱 번) 용서하라"고 말씀하십니다. 이는 제자들에게 무한한 용서를 요구하신 것입니다. 교회 공동체에서 용서의 중요성을 이보다 강력히 강조할 방법은 없을 것입니다. 사랑의 공동체에서는 모든 불만이 제한 없이 용서될 수 있고, 또한 반드시 용서되어야 합니다. 그러나 피해자에게 가해자를 계속 용서하라고 요구하는 것이 과연 공정할까요? 이 질문을 예상하신 예수님은 베드로에게 용서하지 않는 종의 비유를 들려주십니다.

어느 날, 한 노예가 왕에게 만 달란트를 빚졌습니다. 이는 갚을 수 없을 정도로 큰 금액이었습니다. 계약에 따르면, 그는 자신과 아내, 자녀, 그리고 모든 재산을 팔아 빚을 갚아야 했습니다. 그는 왕 앞에서 간청하며 관용을 구했고, 왕은 그를 불쌍히 여겨 모든 빚을 탕감해 주고 그를 자유롭게 풀어주었습니다. 그러나 그 노예는 밖으로 나가 자신에게 백 데나리온을 빚진 동료를 만나자, 동정심 없이 그의 목을 조르고 당장 갚으라고 요구했습니다. 동료는 무릎을 꿇고 간청하며 똑같이 용서를 구했지만, 그는 이를 거부하고 동료를 감옥에 가두었습니다.

이 소식을 들은 왕은 크게 노하여 그를 불러 이렇게 꾸짖습니다. "이 악한 종아! 네가 나에게 간청했기에 내가 너의 빚을 모두 탕감해 주었거늘, 너도 내가 너를 용서한 것처럼 네 동료에게 자비를 베풀었어야 하지 않느냐?"(마태 18:32-33). 그러고는 그가 빚을 다 갚을 때까지 고문을 받게 했습니다. 예수님은 이 비유를 마무리하며 경고하십니다.

> "너희가 진심으로 형제들을 서로 용서하지 않으면 하늘에 계신 내 아버지께서도 너희에게 이와 같이 하실 것이다." (마태 18:35)

이 비유와 예수님의 결론은 그리스도인들이 왜 서로 용서해야 하는지를 분명히 보여줍니다. 그들은 하느님의 용서를 받았기에, 그와 같은 용서를 실천해야 합니다. 용서는 특권이 아니라 의무입니다.

오늘날 우리는 자신의 이익을 지키기 위해 강하게 나서야 한다는 세상의 논리에 익숙합니다. 이런 맥락에서 예수님의 무한한 용서에 대한 계명은 어리석고 비현실적으로 보일 수 있습니다. 그러나 용서는 사랑이 넘치는 가족관계를 형성하고, 사회적 조화를 이루며, 세상에 평화를 가져오는 데 꼭 필요한 치료제입니다. 우리의 믿음은 그리스도 안에 계신 하느님께서 우리의 모든 죄와 잘못을 용서하셨다는 확신에 근거합니다. 이제 우리는 교회 안에서 서로를 용서함으로써 하느님 나라의 모습을 세상에 보여줄 수 있습니다.

예수께서는 무고하고 연약한 자들을 사랑하고, 우리를 거스르는 자들을 사랑하며, 용서하는 것을 가르치셨습니다. 또한 제자들에게 하느님을 사랑하고 이웃을 사랑하는 법을 가르치셨습니다. 한 율법교사가 가장 위대한 계명이 무엇인지 물었을 때, 예수께서는 "네 마음을 다하고 목숨을 다하고 뜻을 다하여 주 너의 하느님을 사랑하라"고 말씀하셨습니다(마태 22:37). 그렇다면 우리의 전 존재와 전력을 다해 하느님을 사랑한다는 것은 무엇을 의미할까요? 주님의 기도에 나와 있듯이, 이는 하느님의 이름을 영화롭게 하고, 하느님의 뜻을 이루며, 하느님의 나라를 증진하는 것을 의미합니다. 다시 말해, 우리의 생각과 말과 행동에서 하느님을 최우선으로 삼는 것입니다.

예수께서는 단지 하느님을 사랑하라고 가르치신 것에 그치지 않고, 이를 그의 삶과 죽음으로 실천하며 보여주셨습니다. 예를 들어, 유혹의 이야기에서 예수님은 육체적 필요보다 하느님의 말씀을 더 사랑하셨고, 하느님을 시험하는 것을 거부하셨으며, 오직 하느님만을 경배하셨습니다. 겟세마네 동산에서 드린 기도에서는 임박한 죽음을 앞두고 하느님과 진지하게 씨름하시면서도, 십자가에서 죽으라는 하느님의 뜻에 기꺼이 순종하는 모습을 보여주셨습니다. 하느님을 사랑하는 것은 항상 쉬운 일이 아닙니다. 하느님은 우리를 나쁜 소식을 전하러 니느웨로 보내시거나, 예수님과 함께 고난을 겪으러 예루살렘으로 부르실 수도 있습니다. 그러나 우리가 진심으로 하느님의 뜻을 따르겠다고 동의하고 그에 순종할 때, 우리는 진정한 사랑을 실천하는 것입니다.

웅장한 성당에서 예배드리는 것 역시 하느님을 사랑하는 행위입니다. 또한, 중보기도와 명상을 통해 하느님의 뜻을 구하는 것 역시 하느님께 대한 사랑을 나타내는 방식입니다. 그러나 가난한 사람들을 먹이고, 정의를 위해 싸우는 것도 하느님을 사랑하는 실질적인 행위입니다.

예수께서 말씀하신 두 번째 계명은 "네 이웃을 네 몸과 같이 사랑하라"입니다(마 22:39). 인간은 본능적으로 자신을 사랑하고 자신의 필요를 우선시하려는 경향이 있습니다. 이는 자기 보존과 성취를 위한 자연스러운 본능입니다. 그러나 이웃을 사랑한다는 것은 이웃의 고통에 공감하고, 마치 우리 자신의 생명이 그것에 달려 있는 것처럼 최선을 다해 돕는 것을 의미합니다.

오늘날 많은 교회는 지역 사회와 국가, 그리고 국제적 차원에서 이웃 사랑을 실천하고 있습니다. 굶주린 사람들에게 음식을 제공하고, 노숙인들을 보호하며, 의료 서비스를 받을 수 없는 사람들에게 지원을 제공하고, 재난과 전쟁으로 고통받는 이들을 돕는 일에 앞장섭니다. 이러한 사역은 사랑의 공동체로서 교회가 감당해야 할 사명입니다.

교회는 또한 낯선 사람들을 포용하고 사랑의 범위를 넓히라는 예수님의 명령을 받았습니다. 양과 염소의 비유에서 왕은 배고픈 자를 먹이고, 낯선 사람을 환대하며, 죄수를 방문한 사람들에게 이렇게 말씀하십니다. "내가 진실로 너희에게 이르노니 너희가 여기 내 형제 중 지극히 작은 자 하나에게 한 것이 곧 내게 한 것이니라" (마태 25:40). 많은 학자들은 여기서 "내 형제자매 중 가장 작은 자"가 예수님의 제자들이나 복음을 전파하기 위해 목숨을 걸고 떠돌아다니는 그리스도교 선교사들을 가리킨다고 해석합니다. 이들을 환영하고 환대한 사람들은 의로운 자로 칭찬받으며, 최후의 심판에서 보상을 얻게 됩니다. 이러한 해석은 마태오 복음 독자들이 처한 구체적인 삶의 환경에 비추어 볼 때 주석적으로 타당합니다. 따라서 이 이야기는 복음 전도자들에게 위로와 격려를 주는 메시지로 작용합니다.

그럼에도 불구하고, 이 비유는 그 역사적 맥락을 넘어 두 가지 신학적인 통찰을 제공합니다. 첫째, 예수님은 세상에서 고통받는 "가장 작은 자"와 자신을 동일시하십니다. 그들이 복음을 위해 고난받든, 다른 이유로 고통받든, 예수님은 그들을 자신의 형제자매로 여기며 간과하지 않으십니다. 이는 우리가 그리스도의 사랑을 이해하는 데 있어 가장 급진적인 통찰 중 하나입니다. 둘째, 히브리 성서에는 여행자와 낯선 이를 환대하라는 가르침이 반복됩니다. 아브라함은 세 명의 낯선 이를 환영했는데, 그들은 주님의 천사로 밝혀졌고, 이삭의 탄생을 예언했습니다. 이스라엘 백성은 조상들이 한때 이집트 땅에서 낯선 이였음을 기억하며, 그들 가운데 있는 낯선 이와 이방인을 지원하라는 명령을 받았습니다. 예수님의 비유는 이러한 전통을 확장하여, 교회가 모든 낯선 이들, 특히 가장 가난하고 도움이 필요한 이들에게 관대한 사랑으로 환대해야 함을 강조합니다.

그러나 사랑의 공동체로서 교회가 직면한 가장 어려운 과제는 바로 원수를 사랑하라는 예수님의 명령입니다. 인간의 본성은 복수를 원하지만, 용서는 신성한 행위라는 말을 자주 듣습니다. 우리를 해친 사람을 용서하는 것만으로도 쉽지 않은데, 예수님은 여기에서 한 걸음 더 나아가 원수를 사랑하라고 요구하십니다. 과연 이것이 가능할까요? 이러한 명령이 매우 어렵기에, 예수님은 하느님의 도움을 구하라고 가르치십니다. 우리가 원수를 용서하는 일을 하느님께 맡길 때, 분노와 증오에 사로잡히지 않을 수 있습니다. 이렇게 폭력과 복수의 고리가 끊기고, 분노가 가라앉을 기회가 생깁니다. 동시에 사랑은 우리의 적을 변화시킬 수 있는 강력한 영적 힘을 지니고 있습니다. 예수님은 우리가 죄인이자 하느님의 적일 때, 우리를 위해 십자가에서 돌아가심으로써 이 진리를 몸소 보여주셨습니다.

오늘날 세상은 증오를 극복하고 화해와 평화를 이루는 사랑이 절실히 필요합니다. 교회의 가장 시급한 임무는 사랑으로 가득 찬 공동체를 이루어 세상에 본을 보이는 것입니다. 이를 통해 교회는 모든 사람에게 더 나은 미래를 만들어가는 길을 제시할 수 있습니다.

희망의 공동체로서의 교회

그리스도교인들은 예수님과 함께 하느님의 나라가 도래했다고 믿지만, 하느님의 통치는 예수님께서 인자의 모습으로 세상에 다시 오실 때 비로소 완전히 실현될 것입니다. “마지막 날”은 밀과 가라지를 구분하고, 양과 염소를 분리하며, 의인과 악인을 나누는 최후의 심판의 순간입니다. 이는 또한 하느님의 자녀들이 영생을 얻고, 12사도가 인자와 함께 심판의 보좌에 앉으며, 온 창조물이 새롭게 되는 때이기도 합니다. 따라서 교회는 희망의 공동체입니다. 세상이 악의 세력에 지배되는 것처럼 보일 때에도 교회는 하느님이 여전히 다스리고 계심을 믿고, 예수님의 재림을 간절히 기다리며 그날을 준비하는 공동체입니다.

그러나 마태오 복음에 등장하는 교회는 이 희망에 대한 믿음에서 위기를 겪었던 것으로 보입니다. 일부 교인들은 예수님을 위해 핍박을 받고 있다고 느꼈지만, 하느님의 공의가 너무 오래 지연된다고 생각했을지 모릅니다. 이러한 기다림 속에서, 몇몇은 예수님이 다시 오시지 않을지도 모른다고 의심하기 시작했습니다. 만약 최종적인 공의가 없다면, 하느님의 일을 위해 목숨을 걸거나 예수님의 계명을 따르기 위해 개인의 권리를 포기하는 것이 무슨 의미가 있을까요? 왜 그 시대의 흐름에 순응하지 말아야 할까요?

마태오는 이런 의심과 좌절을 겪는 독자들에게 확신을 주기 위해, 예수님의 최후의 심판에 대한 말씀과 이를 설명하는 몇 가지 비유를 그의 마지막 가르침에 포함시켰습니다. 예수님께서 다시 오셔서 세상을 심판하실 때, 그는 교회의 충성스럽고 지혜로운 지도자들을 찾으실 것입니다. 그러나 그들 중 일부는 칭찬을 받고 영원한 기쁨에 참여할 것이지만, 다른 이들은 그를 실망시킬 것입니다. 한 종은 주인이 늦게 돌아올 것이라고 생각하여 동료 종들을 학대하고 먹고 마시는 데만 몰두합니다. 다섯 명의 신부 들러리는 미리 준비하지 못하여 신랑이 늦게 도착하자 결혼 잔치에 들어가지 못합니다. 한 달란트를 맡은 종은 그것으로 아무것도 하지 않고, 심지어 이자를 얻기 위해 은행에 맡기지도 않아 주인에게 악하고 게으르다는 비난을 받습니다.

오늘날 우리는 최후의 심판이라는 개념을 고대인들이 미래에 대한 설명할 수 없는 두려움과 희망을 하느님께 투영한 것이라고 생각할 수도 있습니다. 그러나 이 개념은 구약의 예언과 예수님의 재림 가르침에서 핵심적인 부분을 차지합니다. 우리는 사도신경에서 "사람과 짐승을 심판하러 다시 오실" 것을 고백하며, 하느님의 계시와 예수님의 구속 이야기는 모두 이 종말론적 사건에 기초하고 있습니다. 또한 우리가 시간의 끝을 어떻게 이해하느냐는 하느님의 공의에 대한 우리의 관점과 오늘날 우리의 삶의 방식에 깊은 영향을 미칩니다. 따라서 완전히 이해하지 못하더라도 이를 염두에 두는 것이 중요합니다.

한편, 자비로운 하느님이 기본적으로 사람들에게 영원한 형벌을 내리실 수 없다고 믿는 사람들도 있습니다. 그들은 심판이 사랑과 모순된다고 생각하기 때문입니다. 그러나 이 점에서 우리는 중요한 질문을 던질 필요가 있습니다. 하느님께서 이스라엘을 택하신 백성으로 사랑하시더라도, 그들이 반역하고 회개하지 않을 때 징계로 유배를 명하신 사례를 보면, 심판은 엄격한 사랑의 한 형태로 이해될 수 있습니다. 사랑이 반드시 심판을 배제하지는 않는 것입니다.

그렇다면 최후의 심판을 어떻게 이해할 수 있을까요? 첫째, 최후의 심판은 심판이라기보다는 정의에 가깝습니다. 이는 신의 정의를 구현하는 사건으로, 의로운 자와 무고한 자에게는 보상을, 악한 자와 가해자에게는 처벌을 내리는 것을 의미합니다. 따라서 최후의 심판은 하느님께서 악을 다루시고 모든 사람에게 정의를 실현하신다는 것을 보여줍니다.

둘째, 이는 하느님께서 사람들이 일생 동안 행한 모든 일에 관심을 가지고 계심을 드러냅니다. 우리의 선행과 악행은 결과를 초래하며, 우리는 모두 하느님 앞에서 책임을 져야 합니다. 이러한 믿음은 악행을 억제하고 회개를 촉진하는 역할을 합니다.

셋째, 최후의 심판은 현재 우리가 살아가는 세상이 하느님의 계획의 전부가 아님을 상기시켜 줍니다. 이 세상에서는 번영을 누리는 악한 사람들과 고통 속에서 일찍 생을 마감하는 의로운 사람들이 존재할 수 있습니다. 현세에는 정의가 결핍되어 보이지만, 최후의 심판은 하느님의 때에 정의가 반드시 이루어질 것이라는 희망을 줍니다.

예수님께서는 최후의 심판에 대해 많은 세부사항을 밝히지 않으셨습니다. 따라서 우리는 지나친 호기심으로 이를 간과해서는 안 됩니다. 마태오 복음의 독자들 중 일부는 심판이 지연되는 것처럼 느꼈을지도 모릅니다. 그러나 이는 하느님의 사랑과 인내를 나타냅니다. 하느님은 사람들이 회개하기를 기다리시며, 종들을 보내 악한 세입자에게 세금을 요구하셨고, 심지어 아들의 생명을 희생하시면서까지 기회를 주셨습니다. 베드로후서에서도 이 점은 분명히 표현되어 있습니다.

> "그러나 사랑하는 여러분, 주님께 하루는 천 년 같고 천 년은 하루 같다는 사실을 잊지 마십시오. 주님은 약속에 대해 느리신 분이 아니시며, 어떤 사람들은 느리다고 생각하지만, 여러분에게 인내심을 가지고 계시며, 누구도 멸망하지 않고 모두 회개하기를 바라십니다."
>
> (2베드 3:8-9)

희망의 공동체로서 교회는 두려움이나 복수심이 아니라 큰 희망을 가지고 최후의 심판의 비전을 붙잡아야 합니다. 더 많은 사람들이 하느님의 인내와 사랑을 깨닫고, 하느님 앞에서 자신의 삶을 돌아보며, 모두를 위한 최종적인 정의를 기다릴 수 있도록 해야 합니다. 이것이 바로 성찬 기도에서 모든 신자가 사제와 함께 "그리스도는 죽으셨고, 그리스도는 부활하셨고, 그리스도는 다시 오십니다"라는 신앙의 신비를 선포하는 이유입니다.

제자 공동체인 교회

마태오 복음에서 강조되는 교회의 세 가지 중요한 특징은 믿음, 사랑, 희망입니다. 그렇다면 교회의 주된 임무는 무엇일까요? 그 답을 찾기 위해 우리는 예수님이 제자들에게 남기신 마지막 유언인 대사명을 살펴봐야 합니다. 마태오 복음은 부활하신 예수님이 갈릴래아의 산에서 열한 제자와 만나는 장면에서 절정에 이릅니다. 이 장면은 산상수훈을 듣고, 예수님의 정체성에 대해 묻고, 그의 변형을 목격한 이전의 사건들을 떠올리게 합니다. 여기서 제자들이 교회를 대표한다면, 그들의 행동과 예수님이 그 산에서 행하신 일은 오늘날 교회에 중요한 메시지를 담고 있습니다.

부활하신 예수님을 처음 본 제자들이 가장 먼저 한 일은 그를 경배하는 것이었습니다. 이 행동은 그들이 예수님을 하느님으로 모신다는 것을 보여줍니다. 그들은 하느님이 생명의 창조자이시며, 생명을 죽음에서 다시 살리실 수 있다는 것을 믿습니다. 십자가에 못 박히신 예수님이 무덤에서 부활하여 그들 앞에 나타나신 사실은 제자들을 무릎 꿇게 했습니다. 그들은 예수님을 경배하며 그를 하느님처럼 섬겼습니다. 이는 교회의 첫 번째 사명이 하느님과 예수님을 경배하는 데 있다는 것을 시사합니다. 부활 이전에는 하느님 외에 다른 이를 숭배하는 것이 신성모독으로 여겨졌으나, 예수님의 부활은 그들의 관점을 완전히 바꾸어 놓았습니다. 시간이 지나면서 교회는 세상을 창조하신 전능하신 하느님과 죽음에서 부활하신 예수님의 관계를 이해하고 설명하려 노력하게 됩니다. 그러나 그 산에서 제자들은 그저 경이로움과 놀라움 속에 사로잡혔습니다.

이는 교회가 종종 겪는 경험과 비슷합니다. 우리는 하느님의 신비를 완전히 이해하지 못하며, 하느님과 예수님 사이의 관계를 명확히 표현하기 어려울 때가 많습니다. 신조, 교리, 신학 논문은 이러한 신비를 이해하려는 교회의 노력입니다. 부활하신 예수님 앞에서 의심을 품었던 일부 제자들의 반응처럼, 예수님의 거룩한 임재를 온전히 이해하지 못하더라도 우리는 그를 예배할 수 있습니다. 예배는 예수님의 자기 계시를 받을 수 있는 공간이자, 우리가 그분을 경험하고 그의 권위를 깨닫는 자리입니다.

부활하신 예수님은 제자들에게 “하늘과 땅의 모든 권세가 내게 주어졌다”고 선언하십니다(마태 28:18). 부활 이전에도 예수님은 병자를 고치고 귀신을 쫓아낼 수 있는 권세를 가지셨습니다. 그리고 부활을 통해 그는 죽음을 이길 권세를 지니셨음을 증명하셨습니다. 이제 제자들은 예수님이 온 우주를 다스리는 권세를 받으셨다는 완전한 계시를 받습니다. 예수님은 하느님께서 우리를 죄와 죽음에서 구원하기 위해 세우신 전능하신 주님이십니다. 우리는 감사성찬례를 통해 그분의 거룩한 임재를 경험하고 그 권위를 인정하게 됩니다.

예수님은 제자들에게 사명을 맡기십니다. 그들은 예수님께 완전히 충성하지 못했던 과거가 있고, 현재에도 믿지 않는 사람들이 있지만, 중요한 임무를 받게 됩니다.

> "그러므로 너희는 가서 이 세상 모든 사람들을 내 제자로 삼아 아버지와 아들과 성령의 이름으로 그들에게 세례를 베풀고 내가 너희에게 명한 모든 것을 지키도록 가르쳐라." (마태 28:19-20)

이 명령에는 두 가지 중요한 동사가 포함되어 있습니다. "가라"와 "제자를 삼으라"는 명령형 동사이며, "세례를 주라"와 "가르치라"는 동사는 그 임무를 구체적으로 설명합니다. 예수님은 제자들과 교회에 모든 민족을 제자로 삼으라는 사명을 부여하십니다. 제자들은 예수님의 제자가 되는 것이 어떤 여정인지를 직접 경험했습니다. 그 과정은 때로는 흥미롭지만, 때로는 지치고 두려움을 느끼는 시간이었습니다. 그들은 이미 갈릴래아에서 유대인들에게 복음을 전한 경험이 있지만, 이 새로운 사명은 더욱 도전적입니다. 이방인들에게도 다가가기 위해 먼 나라로 여행해야 하며, 그들을 설득하여 예수님을 메시아이자 하느님의 아들로 받아들이게 해야 합니다.

이 사명을 수행하는 것은 결코 쉬운 일이 아닙니다. 낯선 사람들에게 다가가 개인적인 신념을 공유하는 일은 불편하고 어려울 수 있습니다. 그러나 이는 전도의 첫걸음이며, 예수님이 우리에게 맡기신 사명입니다.

제자 양성의 사명에는 두 가지 중요한 과제가 있습니다. 첫 번째는 아버지와 아들과 성령의 이름으로 사람들에게 세례를 주는 것입니다. 이는 단순히 물리적인 행위가 아니라, 사람들을 믿는 자로 변화시키는 것을 포함합니다. 따라서 이 과제는 예수님이 누구이시며, 그분이 행하신 일들을 분명히 설명하고, 예수님을 중심으로 한 새로운 신앙 체계를 받아들이도록 설득하는 과정입니다. 예수님은 메시아이자 하느님의 아들이십니다. 하느님은 우리를 은혜로 자녀로 받아들이시는 하늘에 계신 아버지이십니다. 성령은 하느님으로부터 오셔서 예수님께 치유와 구원, 부활의 능력을 주시는 분이십니다. 이러한 삼위일체의 개념은 유대교의 일신론과 그리스-로마 문화의 다신론과 비교할 때 매우 도전적이며, 마태오와 그의 교회가 경험한 하느님의 신비를 요약한 공식이라 할 수 있습니다.

교회는 이러한 신앙의 신비를 깊이 성찰하고, 시대와 장소, 문화에 따라 신앙 표현을 재구성할 필요가 있을 수 있지만, 근본적으로 예수 그리스도라는 반석 위에 충실히 서 있어야 합니다.

사람이 그리스도교 신앙 체계를 받아들이게 되면, 세례를 통해 공동체에 입문해야 합니다. 세례는 죄의 용서를 의미하며, 교회에 속하는 첫 번째 행위입니다. 따라서 제자를 삼는 첫 번째 과제는 복음을 전파하고, 예수 그리스도를 소개하며, 사람들을 믿음, 사랑, 희망의 공동체인 교회로 인도하는 것입니다.

제자 양성의 두 번째 과제는 신자들에게 예수님께서 명하신 모든 것을 순종하도록 가르치는 것입니다. 새롭게 교회에 들어온 사람들은 마치 갓난아이가 성장하며 성숙해지듯, 양육과 훈련이 필요합니다. 제자 양성은 시간이 걸리는 믿음의 여정이며, 인내와 헌신이 요구됩니다. 예수님의 제자들조차 처음에는 이해력이 부족하고 믿음이 연약했지만, 예수님의 가르침과 능력을 경험하며 성장했습니다. 따라서 교회는 모든 신자가 예수님의 가르침을 사랑하고 순종할 수 있도록 체계적인 교육 프로그램을 제공해야 합니다.

신자들이 예수님의 계명에 순종하는 법을 배우면, 그들은 하느님의 사랑에 대한 지식을 키우고 삶의 변화를 경험하게 됩니다. 예수님의 계명은 율법과 선지자의 핵심을 분명히 하며, 우리가 하느님의 뜻에 따라 심판을 받을 기준을 제시합니다. 또한, 예수님의 계명은 하느님의 자녀로서 거룩한 삶을 살도록 우리를 이끕니다. 계명에 순종함으로써 우리는 예수님의 마음과 행동을 닮아가며, 점차 신실한 제자로 변화됩니다.

대부분의 교인들이 이러한 제자 훈련을 잘 이해하고 적절히 훈련받게 되면, 교회 공동체는 믿음, 사랑, 희망의 본보기를 보여줄 수 있을 것입니다. 이는 사회에 긍정적인 변화를 가져오는 데 중요한 역할을 합니다.

제자도의 공동체로서 교회의 핵심 임무는 예수님을 경배하고, 복음을 전파하며, 세례받은 사람들을 제자로 삼는 것입니다. 이러한 사명을 완수하는 과정에서 교회는 다양한 장애물과 어려움을 마주할 것입니다. 그러나 예수님께서 "내가 세상 끝날까지 너희와 함께 있겠다"고 약속하셨다는 사실은 우리에게 큰 위안을 줍니다. 부활하신 예수님의 능력 안에서 교회는 사명을 완수할 수 있는 용기와 지혜를 얻게 될 것이며, 주어진 모든 기회를 통해 하느님의 나라를 증거할 것입니다.

결론

교회의 본질은 무엇이며, 그 특징은 무엇일까요? 마태오 복음은 예수님께서 그분의 이름으로 모으신 교회가 하느님의 아들 예수 그리스도를 신앙의 기초로 삼는 신앙 공동체임을 보여줍니다. 우리는 예수님의 가르침을 통해 하늘에 계신 사랑의 아버지이신 하느님을 믿고, 그분이 우리를 보호하고 돌보신다는 확신을 갖습니다. 또한, 하느님의 나라는 이미 임하여 세상을 변화시키고 있다는 믿음을 공유합니다. 우리는 하느님의 은혜로 그분의 자녀가 되었으며, 교회는 특별히 약한 자들을 돌보고 죄인을 용서하는 사랑의 공동체로서 존재합니다.

교회는 또한 사랑을 배우는 공동체입니다. 우리는 온 마음을 다해 하느님을 사랑하고, 이웃을 내 몸처럼 사랑하는 법을 배웁니다. 나아가, 낯선 사람과 심지어 원수까지도 사랑하라는 예수님의 가르침을 통해 하느님 나라의 선하심을 세상에 증거합니다.

희망의 공동체로서, 우리는 최후의 심판이 하느님의 의로운 사랑과 정의의 실현을 보여준다고 믿습니다. 하느님은 우리의 모든 행위에 책임을 물으실 것입니다. 최후의 심판이 지연되는 것은 하느님의 오래 참으시는 인내와 우리에게 주어진 회개의 기회를 상징합니다. 그러므로 우리는 두려워할 필요가 없습니다. 오히려 최후의 구원과 세상의 위대한 갱신을 소망하며 살아갈 수 있습니다.

교회는 제자도의 공동체입니다. 예배를 통해 우리는 부활하신 예수님을 만나고, 그분의 거룩한 권위를 체험하며 계시를 받을 수 있습니다. 더불어, 모든 민족을 제자로 삼으라는 사명을 받고 믿는 이들에게 세례를 베풀며, 그들을 훈련시키는 임무를 맡고 있습니다. 이에 따라 교회는 전도에 힘쓰고, 예수님의 가르침을 이해하며 그 계명에 순종하는 신실한 제자를 양성하기 위해 교육 프로그램을 강화해야 합니다.

열두 제자처럼, 우리도 예루살렘으로 가는 여정에서 예수님과 동행하도록 부름받았습니다. 그러나 유혹에 자주 넘어갔던 제자들처럼, 우리 역시 교회 내에서 명예를 추구하거나 자신의 의견이 받아들여지기를 원할 때가 있습니다. 예수님이 체포되셨을 때 제자들이 배반하고 도망쳤던 것처럼, 우리도 종종 간증을 꺼리거나, 사회 봉사 활동에 소홀하며, 예언자적 목소리를 내기를 주저합니다. 그 결과, 교회는 소외되고 우리의 신앙 실천은 세상 속에서 빛을 잃곤 합니다.

그러나 부활하신 예수님을 만난 제자들이 새 힘을 얻고 복음을 전파했던 것처럼, 교회도 변화될 수 있습니다. 교회는 다시 언덕 위의 도시로서 세상에 빛을 비추는 공동체가 될 것입니다. 이를 위해 우리가 할 일은 예수님의 참된 제자가 되어 그분을 사랑하고 그분의 말씀에 순종하는 것입니다. 그렇게 할 때, 우리는 믿음, 사랑, 희망의 공동체로서 교회를 세우는 사명을 온전히 이행할 수 있을 것입니다.

생각해 볼 문제 - 제6장: 예수님의 교회

마태오 복음 독자들은 1세기 후반 안티오키아 신앙 공동체의 구성원들이었습니다. 이 초기 교회가 예수님의 이야기를 배우며 형성되었던 과정을 통해 오늘날의 교회가 얻을 수 있는 통찰이 있습니다.

마태오 복음 16:13-20, 18:1-14

"교회"라는 단어는 예수님을 따르는 사람들의 조직화된 공동체를 의미합니다.

- 예수님은 자신을 따르는 공동체인 교회에서 어떤 존재이신가요? 교회의 사명은 무엇입니까?
- 교회는 예수님을 따르게 된 많은 이들이 속했던 회당 공동체와는 어떻게 다른가요?
- 마태오 공동체는 어떤 모습이었을까요? 오늘날 많은 교단/교파들과 비슷한 점이나 다른 점은 무엇일까요?
- <성공회기도서>에 수록된 '신앙의 개요' 중 '교회'를 봅시다(778쪽). 여기서 말하는 교회는 안티오키아 신앙 공동체와 어떤 점에서 비슷하고, 어떤 점에서 다른가요?
- 저자가 설명한 교회의 상징적 네 기둥을 '니케아 신경'(<성공회기도서> 249쪽), '사도신경'(<성공회기도서> 250쪽)과 비교해봅시다.
- 오늘날 교회는 이 기둥들을 실제로 실천하고 있습니까? 어떻게 실천하고 있습니까? 그렇지 않다면 그 이유는 무엇인가요?
- 오늘날 우리 사회에서 '가장 작은 이들'은 누구입니까?

마태오 복음 18:15-35, 22:34-40, 25:31-46

교회는 사랑, 용서, 화해의 공동체입니다.

- 왜 그리스도교에서 용서가 중요한가요? 당신의 교회에서는 반복적으로 잘못을 저지르는 사람을 어떻게 대하고 있습니까? 잘못한 사람을 직접 대면하는 것은 얼마나 어려운

가요? 왜 예수님은 마태 18:15-18에서 이 방법을 제시하셨을까요?

- 예수님 시대의 랍비들은 같은 죄는 세 번까지는 용서하되, 네 번째는 용서하지 말라고 가르쳤습니다. 베드로의 질문에 대한 예수님의 대답은 이 원칙을 어떻게 바꾸었나요? 22절과 17절을 어떻게 조화시킬 수 있을까요? 용서의 필요와 징계의 필요 사이에서 어떤 긴장을 느끼십니까?
- 18장 35절에서 말하는 '진심으로 용서'한다는 것은 무슨 의미일까요? "용서하고 잊으라"는 말에는 어떤 지혜가 담겨있다고 보십니까? 타인이 당신에게 저지른 잘못 중 잊고 싶은 것은 무엇인가요?
- "하느님을 사랑하는 것"과 "나 자신을 사랑하는 것처럼 이웃을 사랑하는 것"은 신앙과 우리의 행동 윤리 사이를 어떻게 연결해 줍니까?
- 예수님께서 말씀하신 "가장 보잘것없는 사람"에 대한 실천은 어떤 것들이 있을까요? 당신이 생각하는 "가장 보잘것없는 사람"은 누구입니까? 그 이유는 무엇인가요?

마태오 복음 28:1-20

- 오늘날 교회의 사명은 무엇입니까? (<성공회기도서> '신앙의 개요' 중 '교회', 778쪽 참조)
- 우리 사회는 어떻게 더 세속화되고, 포스트모던하며, "불신의 문화" 안에서 다양화되고 있다고 느끼십니까?
- 교회는 어떻게 사회 속에서 자신의 관점과 입장을 드러내야 할까요? 설득의 말과 사랑의 행동으로? 전통을 유지하는 것으로? 아니면 강제적인 방법으로 해야 할까요?
- 우리에게는 여전히 교회가 필요한가요? 교회는 어떤 모습이어야 한다고 생각하시나요? 교회의 목적은 무엇입니까?
- 역사의 끝(종말)과 그리스도인으로 사는 삶이 계속되는 것 중에 어떤 것이 더 중요하다고 생각하십니까?

마무리 질문

- 마태오 복음을 읽으며 당신이 얻게 된 가장 중요한 통찰은 무엇입니까?
- 이 질문을 생각하고 답하는 과정 후, 당신에게 어떤 변화가 있었습니까?
- 예수님의 제자가 된다는 것에 대한 이해는 어떻게 달라졌습니까?
- “보아라, 내가 세상 끝 날까지 항상 너희와 함께 있을 것이다.”(마태 28:20, 새번역)는 당신에게 어떤 의미인가요? 하느님께서 함께하신다는 확신은 당신의 삶에 어떤 영향을 미칩니까? 이 확신을 어떻게 다른 사람들과 나누고 있습니까?

성서와의 대화: 마태오 복음

초판 발행 | 2025년 8월 29일

지은이 | 존 Y. H. 예
옮긴이 | 양지우

발행처 | 성공회출판사
발행인 | 김경문
편　집 | 황윤하
디자인 | 황윤하
검　토 | 양만호, 황윤하

출판등록 | 1963년 9월 11일 제1963-000001호
주　소 | 서울시 중구 세종대로 19길 16, B101
이메일 | skhnews21@gmail.com

ISBN | 979-11-90228-30-5 (03230)

* 값은 뒤표지에 있습니다. 잘못된 책은 구입하신 곳에서 바꾸어 드립니다.